国家社科基金青年项目"内涵式发展视角下的
与办学效率研究"（13CGL121）

内涵式发展视角下我国高等教育规模、结构、质量及效益研究

Research On The Scale, Structure, Quality and Effectiveness of China's
Higher Education From The Perspective of Connotative Development

成刚 著

北京师范大学出版集团
BEIJING NORMAL UNIVERSITY PUBLISHING GROUP
北京师范大学出版社

图书在版编目(CIP)数据

内涵式发展视角下我国高等教育规模、结构、质量及效益研究/
成刚著. —北京:北京师范大学出版社,2021.1
　ISBN 978-7-303-26414-8

　Ⅰ.①内…　Ⅱ.①成…　Ⅲ.①高等教育－研究－中国
Ⅳ.①G649.2

　中国版本图书馆 CIP 数据核字(2020)第 200168 号

营　销　中　心　电　话　010-58802135　010-58802786
北师大出版社教师教育分社微信公众号　京师教师教育

NEIHANSHI FAZHAN SHIJIAOXIA WOGUO GAODENGJIAOYU
GUIMO JIEGOU ZHILIANG JI XIAOYI YANJIU

出版发行:北京师范大学出版社　www.bnup.com
　　　　　北京市西城区新街口外大街 12-3 号
　　　　　邮政编码:100088
印　　刷:北京京师印务有限公司
经　　销:全国新华书店
开　　本:730 mm×980 mm　1/16
印　　张:10.25
字　　数:158 千字
版　　次:2021 年 1 月第 1 版
印　　次:2021 年 1 月第 1 次印刷
定　　价:45.00 元

策划编辑:鲍红玉　　　　　　责任编辑:马力敏　梁民华
美术编辑:李向昕　　　　　　装帧设计:李向昕
责任校对:康　悦　　　　　　责任印制:马　洁

序 言

实现高等教育内涵式发展，既是党和国家关于高等教育发展的大政方针，也是高校办学的基本要求。内涵式发展是当下我国高等教育发展面临的重大课题，但学术界对高等教育内涵式发展的概念界定、阶段判断和指标评价并没有形成清晰、统一的认识。高等教育系统的多元性和复杂性决定了内涵式发展研究不能仅仅从一个内容角度切入，也不能仅仅依靠某单一理论和研究方法。

基于以上考虑，本书从高等教育内涵式发展的规模、结构、质量及效益方面入手，运用多个层面的数据和多种研究方法，揭示我国高等教育内涵式发展的现状和发展过程中存在的优缺点，为今后我国高等教育的内涵式发展提出针对性的政策建议。本书的具体内容和主要结论如下。

一、对我国高等教育规模的研究

本书从宏观角度对我国高等教育规模进行了分析和比较，发现改革开放 40 多年来我国高等教育规模迅速扩大。2004 年我国高等教育在校人数突破 1800 万人，总体规模超过美国，绝对规模居世界第一，但以毛入学率为参考指标的相对规模仍有较大发展空间。截至 2016 年，我国已有 2596 所普通高校，校均规模达到 10342 人，与恢复高考前相比分别增长了 7.18 倍和 6.62 倍。我国高等教育即将迈入普及化阶段，我们有必要将提高高等教育质量与探索高等教育规模适度发展结合起来讨论。

二、对我国高等教育结构的研究

首先，从反映高校人才培养和社会分工横断面的科类结构入手，本书发现我国"双一流"建设高校本科教育的科类规模持续扩大且科类内部结构稳定，自然科学占据主导地位，存在重应用学科、轻基础学科及不同类型高校、不同地区高校科类结构趋同化等现象。其次，本书以高等教育的层次结构为研究对象，并以适应性评价基本框架为依据，对层次结构与就业结构的适应性进行研究，发现我国高等教育人才培养偏离了"金字塔"形态，且层次结构与就业结构的适应性处于"低水平稳定恶化"水平。考虑到人才培养还会直接影响国家创新能力和国家竞争力，本书还专门分析了研究生内部层次结构的问题，发现我国高等教育研究生在校生数和占比与科研产出均呈现增长态势，硕士生占比和博士生占比对国内期刊论文和国外期刊论文的发表都有显著的正向影响，博士生占比对科研产出的影响程度大于硕士生占比对科研产出的影响程度。再次，本书对我国高等教育的布局结构及影响因素进行研究，发现各省市的普通高校数量、在校生数量呈现逐年增长趋势。从绝对数量上看，江苏省普通高校数量最多，山东省普通高校在校生数量最多；从增长速度上看，贵州省不论是学校数量还是在校生数量方面的增长都是最快的。地区生产总值和人口数量对高等教育布局结构有着显著的正向影响。最后，本书对我国高等教育的经费支出结构进行了国内和国际比较，发现国内人员经费的占比差异略大，由高到低依次为"一带一路"省份①，全国平均水平省份，教育、经济双发达省份；在国际层面比较教职工薪酬占比，发现经济合作与发展组织（以下简称 OECD）成员国高于"一带一路"沿线国②，我国严重偏低；在资本性支出占比上我国远高于"一带一路"沿线国和 OECD 成员国，"一带一路"沿线国略高于 OECD 成员国；通过建立回归模型，发现教职工薪酬占比与高等教育支出占 GDP 比重、高等教育支出占政府总支出比重、人均 GDP 自然对数及高校生师比呈显著负相关，与毛入学率和年平

---

① 参考文后介绍，本书中"一带一路"省份指除重庆外的丝绸之路经济带，包含内蒙古、辽宁、吉林、黑龙江、广西、云南、西藏、陕西、甘肃、青海、宁夏、新疆 12 个省份。

② 除特别标明外，本书中"'一带一路'沿线国"指代不包含中国在内的其他沿线国家，实证分析过程中的具体内涵详见相关部分页下注释。

均劳动力价格呈显著正相关。

三、对我国高等教育质量的研究

随着知识经济及互联网时代的到来，高等教育国际化进程不断加快，各个国家及地区开始关注大学和学科的评价分析，高校办学和学科建设的质量指标越来越受到重视。本书选取 US News、QS、THE、ARWU① 世界四大大学排名进行比较分析，发现教育产出方面的指标最多，权重最大：在教育直接产出方面，科学研究指标特别是质量指标在教育产出指标体系中多被看重，相比之下，人才培养和社会服务职能指标多被忽略；在教育间接产出方面，值得注意的是 QS 排名将最大权重设置在了教育间接产出的评价上，更加关心大学科研教学活动对经济、社会的综合影响，而 ARWU 没有设置教育间接产出的相关指标。本书还从学科分类与指标效率取向的角度对 US News、QS、THE 和 AR-WU 的学科排名体系进行分析，发现它们普遍偏重于对自然科学的考察，对社会科学重视不足。学科排名中有 6 个与投入相关的指标，产出指标一共有 26 个；相较而言，四大学科排名整体对于促进学科发展的投入关注较少，更加关注学科的产出。

四、对高校效益的综合分析

本书采用 SFA 方法估计面板数据模型，对教育部直属高校的效益进行评价，发现样本高校的整体成本效率值为 0.69，这表明有 31% 左右的成本是被浪费的。在外部因素方面，学校类型、办学地点、是否为"双一流"建设高校等都显著影响成本无效率。除理工院校外，其他所有类型院校与成本无效率都呈显著负相关，尤其是艺术院校的成本效率最为明显。在内部因素方面，学生总数、留学生占比、生师比、高职称教师比等显著影响成本效率，这说明增加学生数量、

---

① US News 指代由多平台权威出版商美国新闻与世界报道（U. S. NEWS & WORLD Report）发布的世界大学排名情况。QS 指代 QS 世界大学排名（QS World University Rankings），是由教育组织 Quacquarelli Symonds（QS）发布的世界大学排名情况。THE 指代泰晤士高等教育世界大学排名（THE World University Rankings），即由《泰晤士高等教育》发布的世界大学排名情况。ARWU 指代软科世界大学学术排名（ShanghaiRanking's Academic Ranking of World Universities），是初期由上海交通大学高等教育研究院发布、后期由上海软科教育信息咨询有限公司发布的世界大学排名情况。

招收更多留学生有利于促使成本效率提高；专任教师越多、教师职称越高，学校越容易控制成本或提升教学科研质量，从而促使成本效率提高。在办学条件方面，校舍面积和固定资产与成本无效率呈显著正相关，并且时间与成本无效率呈显著负相关，也就是说，技术进步能使人们不断提高成本效率。整体来看，我国高校不存在规模效益和范围经济，这主要是由于博士生规模和科研产出规模不够且活动共享性不够；但随着高校管理体制改革的深化，这种情况正在不断改善。

•目　录

绪　论/1

第一章　我国高等教育内涵式发展的多学科视角/5

第一节　政治经济学 ………………………………………………… 5

第二节　发展经济学和产业经济学 ………………………………… 7

第三节　逻辑学 ……………………………………………………… 8

第四节　系统论 ……………………………………………………… 9

第二章　我国高等教育的规模发展/10

第一节　我国高等教育的绝对规模 ……………………………… 10

第二节　我国高等教育的相对规模 ……………………………… 13

第三节　我国普通高校的校均规模 ……………………………… 15

第四节　小　结 …………………………………………………… 16

第三章　内涵式发展视角下我国高等教育的结构/17

　　第一节　我国高等教育的科类结构研究 …………………………… 17

　　第二节　我国高等教育的层次结构与就业结构研究 …………… 30

　　第三节　我国高等教育中的研究生结构对科研产出的影响研究 …… 65

　　第四节　我国高等教育布局结构研究 …………………………… 73

　　第五节　我国高等教育经费支出结构的国际比较研究 …………… 84

第四章　我国高等教育内涵式发展的质量与效益分析/110

　　第一节　高校办学的综合质量评价指标研究 …………………… 110

　　第二节　学科建设质量评价指标体系研究 ……………………… 120

　　第三节　我国高校效益评价及影响因素研究 …………………… 127

参考文献/142

后　记/154

● 绪　　论

一、研究背景及研究意义

为满足人民群众对高等教育的迫切需求及国家发展战略需要，我国高等教育实现了跨越式发展。从 1999 年大学扩招开始，我国只用了 8 年时间就实现了高等教育大众化，而美国、英国、日本等发达国家则用了近 30 年。这种跳跃性的发展节奏"牺牲历史继承性和自洽性"，"容易产生知识创造和传递上的囫囵吞枣、食洋不化的问题"[①]；同时师资、校舍、教学实验设备等投入并未与学生人数增加同步增长，这导致高等教育质量滑坡，社会对高等教育满意度下降。

为了解决高等教育大众化过程中暴露出的现实问题，以质量和效益为核心的高等教育发展模式越来越被重视。2006 年，国务院提出控制高校扩招势头，

---

① 　阎凤桥：《我国高等教育"双一流"建设的制度逻辑分析》，载《中国高教研究》，2016(11)。

将重点放在提高高等教育质量上。2010 年，《国家中长期教育改革和发展规划纲要(2010－2020 年)》提出树立以提高质量为核心的教育发展观，更加注重教育内涵发展的要求。2012 年，党的十八大提出促进高等教育内涵式发展的要求。同年，教育部颁布了《高等教育专题规划》《关于全面提高高等教育质量的若干意见》等重要文件。2017 年，党的十九大进一步提出努力实现高等教育内涵式发展的要求。2018 年 5 月 2 日，习近平总书记在北京大学考察时强调指出："当前，我国高等教育办学规模和年毕业人数已居世界首位，但规模扩张并不意味着质量和效益增长，走内涵式发展道路是我国高等教育发展的必由之路。"由此可见，在高等教育大众化初期，以规模扩张为主的外延式发展模式已经无法满足社会发展的需求，从关注教育质量与效益逐步演化而来的内涵式发展模式成为新时期高等教育的必由之路。在公共管理与公共财政改革，多渠道投资主体对绩效追求和强调大力推进协同、创新的背景下，本书对我国高等教育规模、结构、质量及效益进行研究具有以下意义。

第一，顺应我国高等教育内涵式发展的趋势，从规模、结构、质量及效益方面对高等教育内涵式发展进行了完整、系统的剖析，为更好地解决我国高等教育内涵式发展现实问题提供了多个角度的理论指导。

第二，就我国高等教育内涵式发展开展相关研究，能够更新和完善关于我国高等教育内涵式发展现状的认识，认清目前我国高等教育内涵式发展所处的位置，找出与其各个方面相关的因素。结合新时代我国教育发展的目标和任务，探究高等教育内涵式发展的改进思路；针对我国各个层面，就高等教育内涵式发展提出有效的政策建议，具有重要的现实意义。

二、研究问题及研究现状

本书以高等教育机构为研究对象，分析我国高校的规模、结构、质量及效益，侧重于对我国高等教育当前的实然状态进行详细的描述，发现现实存在的不足之处，以期引起相关领域专家学者的重视与讨论。具体内容如下：第一，近年来，我国高校规模的扩大是否提高了效率？通过使用规模经济方法，本书为确定学校适宜规模提供依据。第二，我国高校各类结构的资源配置状况如何？

本书分析高校的专业结构、层次结构、布局结构、经费使用结构及其影响；同时进一步探讨高校内教学和科研活动之间，不同层级、不同学科的教学活动之间资源共享状况，为明确各类投入要素（如科研人员、教学人员、研究生、不同院系等）之间的关系提供实证依据。第三，通过分析一些国外的高校和学科排名，找出影响高校和学科发展的关键指标，从而提升我国高等教育的国际影响力。第四，特别是考察质量要素后，我国高校的办学效率实际状况是什么？哪些因素在影响我国高校的办学效率？

目前，推动高校内涵式发展的研究可分为三个方面：第一，高校内涵式发展理念和内涵的应然性研究；第二，实证分析办学效率及规模、结构、质量和管理等因素的影响；第三，构建以追求效率为主、以质量为核心的高校绩效问责制和质量保障机制。第一方面已有大量文献论述，本书侧重于第二方面和第三方面的探讨。

国内外研究在以下几方面还存在不足之处：第一，由于内涵式发展概念相对抽象，因此非理论层面的现象评述或定性讨论较多，缺乏实证分析支撑，深度有待增加，规范有待提高；第二，大部分实证研究依赖某种方法，忽视效率对方法和变量设置的敏感性，可能导致结论的片面化；第三，国内尚无研究能较准确地计量高校规模和结构，尤其是分类型、分层次、分学科的结构对效率的影响；第四，现有研究更加关注投入和产出的数量的关系，忽视质量。因此，本书会结合多种计量方法进行分析，以增强结果的准确性；同时将高等教育各要素作为整体进行研究，以期为完善高等教育的发展研究贡献力量。

三、研究结构

首先，实证分析离不开扎实的理论支撑，因此本书第一章从多学科视角对内涵式发展进行分析，通过梳理相关理论，总结高等教育内涵式发展包含的主要元素及发展重点和目标，发现内涵式发展将关注的重点从规模、数量转移到结构、质量上，为本书后面章节的实证研究提供理论指导。

其次，第二章对我国高等教育规模40余年的发展进行分析，与国际比较后发现我国高等教育绝对规模已经远远领先于世界平均水平，但相对规模不足。

在内涵式发展趋势的推动下，我国有必要将提高高等教育质量与探索高等教育规模适度发展联系起来考虑。

再次，第三章是本书的重点内容，主要从科类结构、层次结构、就业结构、研究生结构、布局结构、经费支出结构几个方面详细地对我国高等教育结构进行分析，数据涵盖了国际、省际、校际等不同层面。第一节通过分析我国一流大学建设高校各科类的在校生数量等数据，从高校整体、不同学校类型和不同区域类型三个角度对本科教育的科类结构进行探讨。第二节以全国及 31 个省（自治区、直辖市）高等教育人才培养层次结构及就业结构为研究对象，运用描述性统计分析、比较研究等方法对我国 31 个省份招生层次结构、在校生层次结构及就业结构的现状进行分析，并基于适应性评价的基本框架对人才培养与就业结构的适应性状况进行研究。第三节将高等教育人才培养中的研究生层次结构作为研究对象，运用面板回归的方法，分析一流大学建设高校的研究生结构对其科研产出的影响。第四节使用我国 31 个省份数据，分析我国高等教育布局结构的现状并探讨影响高等教育布局结构的因素，据此对我国高等教育布局结构的调整提出一些设想。第五节通过国际比较，了解我国高等教育经费支出的国际水平，并利用回归模型分析相关影响因素，为高等教育经费支出结构的调整方向提出建议。

最后，第四章对高等教育的质量与效益进行研究。第一节和第二节利用 US News、QS、THE、ARWU 公布的国际大学排名和国际学科排名，从绩效的角度分别对高校办学质量、学科建设质量进行分析。第三节基于 2006—2016 年教育部直属高校的数据，选择合适的面板模型，使用 SFA 方法对我国高校的效益进行评价并且对其影响因素进行分析，为提升高校的办学效益、实现高校的内涵式发展提出针对性建议。

• 第一章

我国高等教育内涵式
发展的多学科视角

高等教育系统的多元性和复杂性决定了内涵式发展研究不能仅依靠单一理论，多学科视角有利于研究者深入探究相关现象。这是高等教育研究的主流思想与方法，也能够为解决高等教育现实问题提供理论指导。

第一节　政治经济学

从理论的阐述上看，外延概念和内涵概念最早出现在政治经济学中。按照马克思的观点，经济增长方式可归结为扩大再生产的两种类型，即外延扩大再生产和内涵扩大再生产。马克思曾指出："如果生产场所扩大了，就是在外延上扩大；如果生产资料效率提高了，就是内涵上扩大。"①"生产逐年扩大是由于两个原因，第一，由于投入生产的资本不断增长；第二，由于资本的使用效率不断提高。"②由此可见，外延式再生产是通过不断扩大规模或增加投入来实现的；内涵式再生产是通过技术进步或改进生产方式、提高生产效率来达到扩大化再生产的目的的。

早在 20 世纪 80 年代，我国经济学界就围绕经济增长方式展开了一场全面且深入的讨论。当时已经得出大体一致的观点：中国的经济增长以高投入、低效率为特点，增长率虽高，但是缺乏实效性。我国的生产方式不能再沿用以往的外延式扩大再生产，而应该转向内涵式扩大再生产。然而，受当时条件限制，对于如何走内涵式扩大再生产路线，怎么处理内涵式扩大再生产与外延式扩大再生产的关系，研究者并没有达成共识。

外延式和内涵式之间并不存在严格意义上的界限。马克思指出："在更加广阔的基础上进行的再生产即积累，即使它最初只表现为生产在量上的扩大（在同样的生产条件下投入更多的资本），但在某一点上也总会在质上表现为进行再生产的条件具有较大的效率。"③也就是说，从不同的角度观察，扩大化再生产的形式既可以表现为外延式，也可以表现为内涵式。外延式扩大再生产是内涵式扩大再生产的基础，内涵式扩大再生产是对外延式扩大再生产进一步的发展和提高。二者的存在方式并不是孤立或对立的，而是以彼此作为双方发展的前提和条件的。虽然发展更加侧重于可持续性，但是外延式的手段依然是依靠不断地扩大投资和生产规模来实现经济发展的；而内涵式发展得益于技术进步和创新，更贴近发展的本质。两种方式互相依存，呈现出螺旋式上升的状况，在不同阶段会以一种方式为主、另一种方式为辅的形式存在。

---

① 《马克思恩格斯全集》第 24 卷，192 页，北京，人民出版社，1995。
② 《马克思恩格斯选集》第 26 卷 Ⅱ，598 页，北京，人民出版社，2012。
③ 《马克思恩格斯选集》第 26 卷 Ⅱ，596 页，北京，人民出版社，2012。

第二节 发展经济学和产业经济学

经济发展客观规律、经济发展和社会发展间的联动规律是发展经济学的主要研究对象。产业是产业经济学研究的逻辑出发点，资源流动、经济绩效、产业变化规律等内容是研究体系的重要构成部分。两种经济学关注有质量的增长，并指出规模结构的管理改进或技术进步能够催生可评价的规模经济和范围经济，这正为我国高等教育内涵式发展提供了研究立场。

根据对发展经济学和产业经济学的理解，内涵式发展可与经济领域的集约式发展相类比。集约式发展是指通过管理改进和技术进步，充分利用资源，以带来工作效益与效率的提升。其过程主要表现为：在人力资源方面，不断提升劳动生产率和科学技术利用率；在物力资源方面，不断降低产品成本和物料消耗水平；在财力资源方面，不断优化资金利用成果和投资收益率。与之相对，粗放式发展保持生产要素质量、组成、效率、技术等因素不变，在很大程度上依托资源的高投入、高消耗带动经济发展。

在高等教育这一应用场景中，高等教育机构是内涵式发展的活动主体，实现组织发展目标和有质量的增长是内涵式发展的重要导向，充分实现对人力、财力、物力的合理配置是内涵式发展的实现过程。高等教育内涵式发展与外延式发展的主要差异在于引起质变与量变的中间过程，而非最终结果。

值得关注的是，高等教育内涵式发展并不完全等同于经济范畴中的集约式发展，二者的差异主要来自高等教育发展结果测度的复杂性及高等教育功能的特殊性两个方面。经济领域的效率、效益成果能够相对集中地反映在效率、效益等指标中，易于量化；作为高等教育的主要发展成果，学生素质的发展不能仅通过效率和效益进行简单测度。集约化的发展观具备发展主体客体化的特征；高等教育具备人才培养、科学研究、社会服务的多重性质和任务，因此其内涵式发展无法与集约式发展完全吻合。①

第三节　逻辑学

逻辑学的观点认为，对内涵和外延的朴素理解是内涵式发展的认知起源。内涵是对思维对象特有属性的反映，强调对内在的规定；外延与之相对，是对思维对象所属范围或者数量的总括。

基于对内涵与外延的逻辑理解，人们认为，二者实际是相互依存、相互作用、在对立中寻求统一的关系。内涵式发展可以被视为带来质量提升的"质变"，如通过改革创新、技术进步等方式实现稳定规模、提升质量、优化结构、提高效率等目标。外延式发展可被视为引起规模扩大的"量变"，如通过加大资金和资源的投入量来扩大规模，使数量增加。追求"质变"并不意味着否定"量变"，"量变"是"质变"的必要准备。

在高等教育层面的理论逻辑中，内涵式发展被认为是一个多向量的概念，主要指代以高等教育内部因素作为资源与动力的发展模式，涵盖规模、结构、特色、质量等要素。在高等教育内涵式发展的框架中，规模是坚实基础。内涵式发展并不是简单否定规模扩大，而是需要符合常态增长模式的合理的规模；结构是重要支撑，结构在宏观、中观、微观三个层次上影响我国高等教育发展，结构改革是使高等教育适应新压力、新需求的重要路径；特色是关键要素，是高校在竞争格局不断变化的大背景下获取更多主动权的利器；质量是核心要素，质量提升是各国高等教育步入大众化阶段后面临的共同问题，唯有高质量的高等教育才能够满足个人发展和社会进步的强烈需求。②

---

① 赵友元：《高等教育内涵式发展的任务与实现路径》，载《黑龙江高教研究》，2016(1)。
② 徐吉洪：《高等教育内涵式发展的话语逻辑》，载《黑龙江高教研究》，2018(1)。

第四节　系统论

系统论在教育实践中有着广泛应用。在教育管理的系统论视角中，学校是一个开放多元的组织系统，单独考量其中的某一主体或维度是不合理的。学校改进是一项综合性任务。结合对高等教育一般特征和特殊规律的考量，系统论将高等教育系统作为研究对象，以整体性、层次性、动态性剖析系统的功能与结构，并探究环境、要素、系统间的变动关系与规律。

高等教育系统是一类学术组织，处理高深知识是其主要任务和重要特征。[①]高等教育内涵式发展还需要在大众化的进程中不断调节。在动态性、层次性视角中，高等教育发展观、高等教育价值观、高等教育质量观是内涵式发展的三个重要层面。[②]

在系统论视角中，教育系统和社会系统存在着显著的联动关系。具体而言，高等教育内涵式发展是指高校等功能主体借助各种信息推进资源的有效流通与配置，在这一过程中，确保各要素准确、快速、高效地实现自身功能价值，以最佳功效带动高等教育的能力扩展。这意味着不单独强调某一要素、规模或结构的特殊作用，而将它们视为彼此影响、相辅相成的主体，关注质量和效益的有机统一。从整体来看，我国高等教育内涵式发展有着明显的变化趋势。与改革开放前相比，高等教育规模实现了跃进式扩大，发展重点实现了从高校数量到教育质量、办学效益上的转变。目前，我国高等教育已形成以质量为核心、以结构为依托、以规模为前提、以效益为结果的基本架构。

---

① ［美］伯顿·克拉克：《高等教育新论——多学科的研究》，王承绪、徐辉、郑继伟等译，109 页，杭州，浙江教育出版社，2001。

② 史国栋：《系统理论视角下的大学内涵式发展》，载《常州大学学报（社会科学版）》，2013(2)。

● 第二章

我国高等教育的规模发展

本章选择在校生数量和毛入学率两个指标，从宏观上对我国高等教育的绝对规模和相对规模在 1976—2016 年的变化特征及国际水平进行描述；此外，还通过使用学校数量和校均规模两个指标，从微观层面对我国普通高校的规模演变特征进行描述。

第一节　我国高等教育的绝对规模

如图 2-1 所示，我国高等教育的绝对规模在总体上保持增长趋势，并以 1999 年为节点呈现先慢后快的特征。1976 年，我国高等教育在校生人数仅为 50.10 万人。2016 年，我国有 4388.61 万人在校接受高等教育，是 1976 年的 88 倍左右。1999 年与 1976 年相比，我国高等教育在校生数量增加了 586 万人左右；2016 年与 2000 年相比，该指标增加了 3652 万人左右。可见扩招政策成效显著，人民对高等教育的需求不断增加，我国高等教育在过去 40 余年间发展势头强劲。成为世界高等教育大国之后，如何向世界高等教育强国转型成了新话题。因此，有必要进行国际比较，认清我国与其他国家的差距，为制订下一阶段的奋斗目标和计划做好准备。

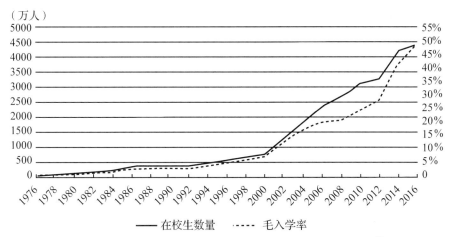

图 2-1　1976—2016 年中国高等教育在校生数量和毛入学率①

"G8"②成员国综合实力水平领先，2016 年成员国的国民生产总值之和几乎占据全球生产总值的半壁江山③；"BRICS"④是新兴市场代表国家的联盟，其他成员国在政治、经济、文化、科技等方面与中国存在相似之处。与这两个组织的成员国进行国际比较有利于定位我国高等教育规模的世界水平。如图 2-2 所示，按高等教育在校生数量进行排序，1976 年样本国家由高到低的顺序为美国（1118.4859 万人）、俄罗斯（555 万人）、印度（304.3865 万人）、巴西（111.9849

---

① 本节数据来源于联合国教科文组织数据库中的"Enrolment in tertiary education，all programmes，both sexes（number）"和"Gross enrolment ratio，tertiary，both sexes（％）"两个指标，由于数据库中缺乏 1976 年以来加拿大、德国、日本、南非等国家相关指标的完整数据，因此在进行国际比较时未将以上国家纳入。

② G8 指代由美国、英国、法国、德国、意大利、加拿大、日本、俄罗斯组成的八国集团。

③ 根据世界银行 2017 年发表的各国 GDP 指标进行计算，"G8"成员国占比约为 45.14％。

④ BRICS 指代由巴西、俄罗斯、印度、中国、南非组成的金砖国家。

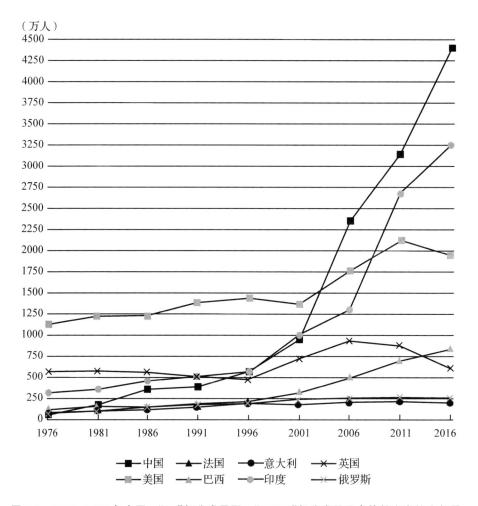

（万人）

图 2-2 1976—2016 年中国、"G8"部分成员国、"BRICS"部分成员国高等教育在校生数量

万人）、法国（103.8597 万人）、意大利（97.6712 万人）、英国（73.2947 万人）、
中国（50.0993 万人）。在样本国家中，中国高等教育的学生规模最小。但随着我
国高等教育规模的扩大，2004 年我国高等教育在校生数量突破 1800 万人，总体
规模超过美国。截至 2016 年，样本国家的高等教育在校生数量排序重新洗牌，
中国以 4388.61 万人遥遥领先，约是 1976 年的 88 倍。其余国家分别为印度
（3239.18 万人）、美国（1928.842 万人）、巴西（831.9089 万人）、俄罗斯（618.23
万人）、法国（248.0186 万人）、英国（238.728 万人）、意大利（181.595 万人）。

从表 2-1 来看，1976—2016 年，中国高等教育学生规模的年均增速高达 11.83％，远高于增速第二、第三位的印度和巴西(分别为 6.09％、5.14％)；意大利、美国和俄罗斯的年均增速占据末尾三位，其中俄罗斯仅为 0.27％。由此可见，中国、印度、巴西等新兴市场国家目前的高等教育绝对规模无论从数量上还是增长速度上都领先于一些传统发达国家。

表 2-1 1976—2016 年中国、"G8"部分成员国、"BRICS"部分成员国

高等教育在校生数量的年平均增速

国家	中国	印度	巴西	英国	法国	意大利	美国	俄罗斯
年平均增速(％)	11.83	6.09	5.14	2.99	2.20	1.56	1.37	0.27

第二节 我国高等教育的相对规模

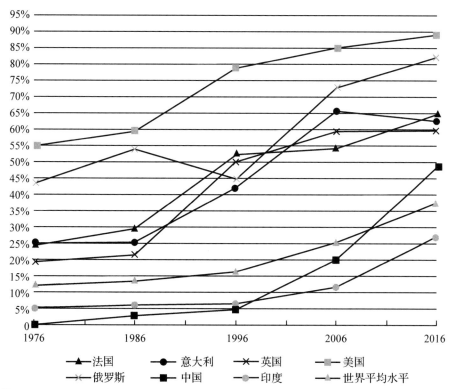

图 2-3 1976—2016 年中国、"G8"部分成员国、"BRICS"部分成员国的高等教育毛入学率

表 2-2　1976—2016 年中国、"G8"部分成员国、"BRICS"部分成员国

高等教育毛入学率的年平均增速

国家	中国	印度	世界平均水平	英国	法国	意大利	美国	俄罗斯
年平均增速(％)	11.72	4.29	2.95	2.86	2.42	2.32	1.21	1.58

图 2-3 同样反映出我国高等教育相对规模的快速扩大，毛入学率从 1976 年的 0.57％发展到 2016 年的 48.66％，提高了约 84 倍；2002—2003 年毛入学率超过 15％，中国进入高等教育大众化阶段。量变推动质变，根据马丁·特罗(Martin Prow)的高等教育三阶段论，目前我国即将迈入高等教育普及化阶段。

将毛入学率这个指标放到国际层面来看(见图 2-3)，我国在 2014 年达到了 41.27％，已明显超过同期世界平均水平(35.56％)；但与样本中的发达国家相比，我国还有较大差距。以美国①为例，1976 年其高等教育毛入学率为 54.74％，标志着已经完成了从大众化到普及化的转型，而我国同期高等教育毛入学率仅为 0.57％；2016 年美国高等教育毛入学率为 88.84％，比我国高出约 40 个百分点。但由于大部分发达国家高等教育发展起步较早，建立了较为成熟的制度体系以保障高等教育的发展，因此仅对某一具体时间的毛入学率进行比较是存在局限的。从毛入学率的年平均增速(见表 2-2)来看，我国远超其他样本国家，40 余年的年均增长率为 11.72％。另一个金砖成员国印度保持了 4.29％的较高增长。相比之下，"G8"部分成员国高等教育毛入学率的年均增长率低于世界平均水平。举例来说，我国高等教育毛入学率从 1987 年的 3.11％提高到 2003 年的 15.24％，用了 16 年；美国从 1890 年的 3％左右提高到 1940 年的 15％，用了 50 年；同样，从大众化初期进入普及化，美国经历了 33 年(1973 年到达 49.7％)，而我国仅用了 13 年就接近了 50％。我国实现高等教育普及化指日可待。

---

① 美国 2006 年原始数据缺失，由计算得出：根据美国国家教育统计中心(NCES)《教育统计摘要》公布的 18 岁至 19 岁人口"b"和 20 岁至 21 岁人口"c"的数据，以及学位授予高校注册大学生数"d"，假定美国 22 岁的人口相当于 20 岁至 21 岁人口的年平均值，高等教育毛入学率＝$d/(b+c+c/2)$。

从宏观角度来看，我国高等教育规模扩张迅速。作为世界新兴市场的代表，我国呈现出"绝对规模庞大，相对规模仍有较大发展空间和进步潜力"的特征。

第三节　我国普通高校的校均规模

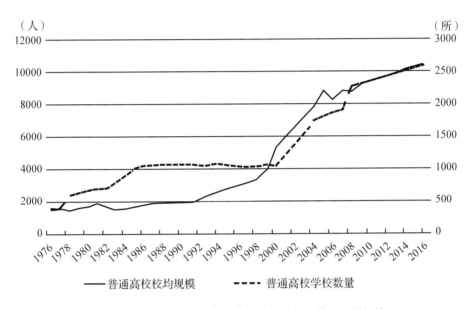

图 2-4　1976—2016 年中国普通高校学校数量、校均规模

如图 2-4 所示，截至 2016 年，我国已有 2596 所普通高校，校均规模达到 10342 人，与 1976 年相比分别增长了约 7.18、6.62 倍。与校均规模一路扩大的稳定趋势相比，高校数量呈现波动增加的特征。2000 年前后，我国高校出现了一轮合并高潮，浙江大学、同济大学、吉林大学等学校都在原有基础上合并多所学校，有效增加了学校人才培养的学科门类数量，实现了规模扩张等目标。从微观层面看，虽然普通高校规模发展略有波折，但总体呈现扩大态势。

第四节　小　结

通过回顾 1976—2016 年我国高等教育规模的演变历程，不难看出我国高等教育事业取得了飞跃式发展。在高等教育即将迈入普及化之际，我国有必要将提高高等教育质量与探索高等教育规模适度发展结合起来讨论。脱离教育规模空谈教育质量，无法适应经济社会发展的需求；同样，没有教育质量，一味追求教育规模是对教育资源的浪费。

影响高等教育规模变化的因素是复杂多元的，寻求规模的适度发展就必须将社会经济、政治、人口、文化、科技因素考虑在内。经济水平从根本上决定和制约高等教育发展，教育经费投入总量对地区高等教育规模具有正面影响，其中非财政性投入的影响更大。[①] 政治环境、政策文件等对不同阶段的教育起主导作用。在特殊历史时期，强力政策对高等教育毛入学率的增长幅度有着强大的影响。第二节中 1999 年高校扩张后毛入学率的激增恰好印证了政策因素的作用。但随着政策带来的"红利"的消失，我国高等教育规模扩张的速度将主要受自身发展力量与适龄人口变动的影响。[②] 工资水平、失业率等劳动力市场因素及城市化水平也会对高等教育规模产生影响。除了上述外部因素外，高等教育自身发展规律等内部因素也不可忽略。

[①]　方芳、刘泽云：《经费投入对地区高等教育规模的影响》，载《高等教育研究》，2019(1)。

[②]　易梦春：《我国高等教育普及化进程及其影响因素——基于时间序列趋势外推模型的预测》，载《中国高教研究》，2016(3)。

·第三章

内涵式发展视角下
我国高等教育的结构

第一节　我国高等教育的科类结构研究

高等教育的科类结构主要是指高等教育发展中不同学科领域的构成状态，反映了高校人才培养的基本结构和社会分工的横断面。对我国目前高等教育科类结构进行分析能够有效推动人才培养科学发展。学生是不同科类内资源分配的基本要素。本节以一流大学建设高校名单上的 37 所高校为样本①，根据不同科类的本科在校生数量对科类结构进行研究。

---

① 数据来源于北京师范大学教育学部在 2018 年 10 月对相关高校进行的调查，缺少 5 所一流大学建设高校(东北大学、郑州大学、湖南大学、云南大学、新疆大学)的数据。

一、一流大学建设高校科类结构的整体特征

(一)以工学为重点的科类结构整体稳定

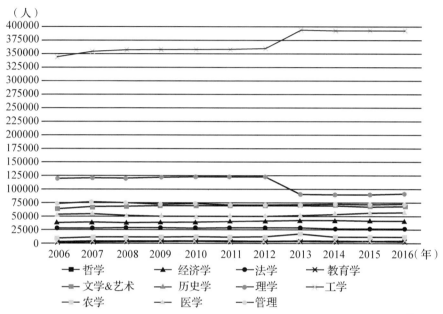

图 3-1 2006—2016 年一流大学建设高校分科类本科在校生数量变化趋势①

从图 3-1 可以直观地看出，2006—2016 年大部分科类本科在校生数量增加了，其中工学的扩张趋势最为突出。工学在校生数量从 2006 年的 344756 人一直缓慢增长到 2012 年，在 2012—2013 年出现增长小高峰，而后又平缓增长至2016 年的 392865 人；2013 年农学在校生数量达到最大值 17903 人，2013 年前后呈现较为明显的先升后降波动走势。与大部分科类规模扩大的趋势相反，理学、管理学和法学的在校生数量下降、规模缩小，尤其是理学在 2012—2013 年出现了较为明显的下降趋势。此外，从年均增长率来看，总体规模较小的哲学、历史学、教育学保持了良好的增长态势，年均增长率分别为 3.58%、2.70%、

---

① 2012 年，我国《普通高等学校本科专业目录》(简称"专业目录")经历过一次修订，将艺术学从文学中分离出来，修订后的艺术学在 2013 年正式开始独立招生。为了保持前后科类本科一致性，本书将 2013 年后艺术学本科在校生数量合并到文学中。

1.34%。与高等教育大众化初期各科类规模快速扩大趋势相比，2006—2016年的变化趋势相对平稳和缓，但这并不意味着大众化进程的停滞。相反，在实现了数量增加、规模扩张后如何优化科类结构、实现内涵式发展成了新的议题。

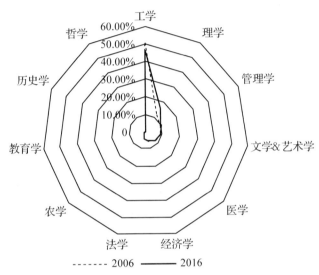

图 3-2　2006—2016 年一流大学建设高校各科类本科在校生数量所占比例

从内部结构来看，工学居于首位，哲学占比最小。通过比较样本高校各科类占比的雷达图(见图 3-2)，可以发现 2006 年和 2016 年的情况基本吻合，各科类的占比排序未发生变动。工学、理学和管理学在整体排序中稳占前三位，在科类结构内部的优势地位突出。反观教育学、历史学、哲学，2006 年占比分别为 0.58%、0.51%、0.35%，到 2016 年占比分别为 0.64%、0.64%、0.48%。尽管一直保持较高的年增长率，但三门科类的占比始终未突破 1%。统计数据显示截至 2016 年，37 所样本高校中分别有 22 所、20 所、14 所高校的教育学、历史学、哲学大类没有本科在校生。雷达图反映出我国一流大学建设高校中各个科类分布并不均衡且差距极大，呈现工学突出的"偏振型"特征。

由此可见，2006—2016 年，样本高校的科类结构无论是动态规模还是静态结构都保持一个基本固定的态势，我国高等教育大众化初期各科类快速的增长幅度和急剧的规模变化并没有超越所谓"资源约束"的框架和模式。显然，到了高等教育大众化的中后期，这种发展模式仍然影响着一流大学建设高校本科教育的科类结构。各个学科本身的资源条件和基础，包括教师数量、教学设备等方面的差距存在已久。1952 年，院系调整使工学蓬勃发展的同时重创了哲学、法学等学科的根基。尽管后期国家出台了一系列政策，对科类建设和人才培养方向做出了调整，如教育部在 2012 年公布《关于全面提高高等教育质量的若干意见》，提出要支持农林等行业相关专业的建设，一定程度上推动了农学专业在校生数量在 2013 年出现了小高峰，但具体科类只是在特定时间段发生了变化，总体来看学科结构整体和内部各科类的排序依旧稳定。

（二）自然科学占比高于社会科学和人文学科

根据研究对象的区别，可以将科类划归为自然科学、社会科学和人文学科三类。① 自然科学研究的是自然，涉及的是外部世界，是相对独立于人的客观的物质、现象和事件，包括理学、工学、农学、医学；社会科学研究的是由人和人事组成的社会，历史的或现实的社会兼有客观性和主观性的品性，包括教育学、经济学、法学、管理学；人文学科研究的是人及其文化产物，把主观精神或思维的东西作为研究对象，包括文学、历史学、哲学。一般而言，三者之间的关系能够反映社会发展特定阶段的特征，不同时期社会关注的重点不同，人才培养的学科领域也会有所侧重。

从图 3-3 可以看出，与全国普通高校的科类结构相比，二者都呈现出自然科学占据主导、社会科学次之、人文学科占比最少的特征，但也存在显著差异：从具体比例来看，一流大学建设高校本科教育的自然科学、社会科学和人文学科在校生的比例基本保持在 7∶2∶1 左右，而在全国普通高校中，该比例大致为 5∶3∶2，显然自然科学在样本高校中的优势地位更突出；从变化趋势来看，一流大学建设高校的自然科学在校生占比从 2006 年的 70.76％上升至 2016 年的 71.54％，同时人文学科占比也从 9.47％小幅上升至 9.90％，社会科学占比下降，而全国普通高校的自然科学比例则呈现从 2006 年的 51.70％到 2016 年的 49.27％的下降趋势，社会科学和人文学科小幅攀升。近年来，国家逐渐重视创

---

① 李醒民：《知识的三大部类：自然科学、社会科学和人文学科》，载《学术界》，2012(8)。

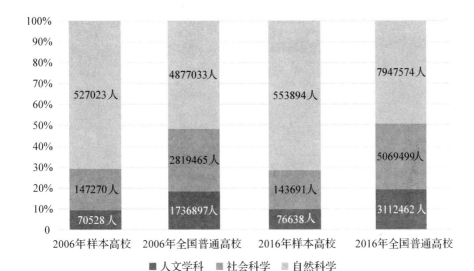

图3-3　2006年、2016年样本高校与全国普通高校自然科学、
社会科学、人文学科本科在校生数量比例

新人才的培养，多次强调科技的重要性，一流大学建设高校作为全国普通高校中的领军群体，自然也肩负着为国家培养拔尖科技创新人才的重要使命，这反映在科类结构中便是自然科学占有突出地位。除此之外，高校办学经费是否充足也会影响科类结构的比例大小，在高等教育大众化过程中，普通高校扩张办学规模的同时又受到经费限制，往往会开设社会科学、人文学科中办学成本相对较低的专业进行招生。一流大学建设高校大部分是"985""211"工程的成员，是国家集中优势资源重点发展的对象，因此经费相对充足，科类结构的特征也与全国普通高校存在区别。

(三)应用学科保持优势地位

除了以研究对象、关注重点作为分类标准之外，根据人才培养目标，可以将专业目录中的具体科类分为基础学科和应用学科两类。[①] 基础学科主要关注自然界和社会的发展规律与本质，致力于使人类增长文化知识，侧重研究型人才的培养(研究型人才是指从事基础理论或应用基础理论研究及与此相关研究的科

---

① 钱颖一：《谈大学学科布局》，载《清华大学教育研究》，2003(6)。

学工作者，如哲学家、数学家、史学家、物理学家等），因此基础学科理论性较强；应用学科主要面向社会实际需求和生产一线，着重培养应用型人才（主要从事非学术研究性工作的实际操作者）。

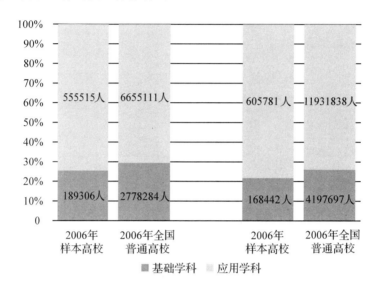

图 3-4 2006 年、2016 年样本高校与全国普通高校基础学科、应用学科本科在校生数量比例

图 3-4 显示，在样本高校科类结构中，应用学科在已有占比优势的基础上进一步扩张。截至 2016 年，应用学科在校生达 605781 人，与基础学科之比基本达到 8∶2。全国普通高校本科的应用学科占比从 2006 年的 70.55％左右提高至 2016 年的 73.98％左右，与样本高校呈现相似的发展趋势。但是本科阶段承担着向劳动力市场输送高素质就业人才及向研究生阶段提供高质量生源的双重任务，不同层次定位的高校培养人才的侧重点不同。一流大学建设高校从水平层次上划分基本都属于研究型高校，因此在本科教育阶段更应该重视基础性和学术性的价值取向，为本科生进入研究生层次奠基。① 样本高校发布的毕业生就业质量年度报告显示，清华大学、北京大学等高校本科生毕业后选择国内升学和出国（境）深造的比例基本保持在 70％～80％，可见毕业后深造是样本高校大部

---

① 曾剑雄、宋丹、王新婷、鲁世林：《"双一流"建设背景下我国高校面临的机遇、挑战及策略选择》，载《高等教育研究学报》，2018(2)。

分本科生的主流选择。然而目前基础学科势力薄弱，不利于一流大学建设高校肩负培养高层次研究型人才的职责。

二、不同类型一流大学建设高校的科类结构特征

（一）自然科学在各类型高校的科类结构中占比优势突出

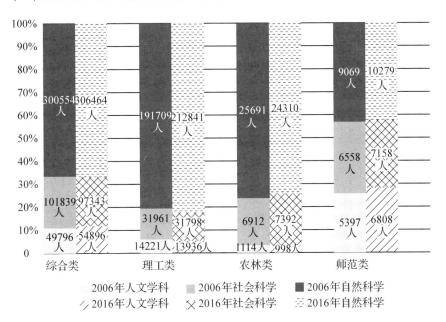

图 3-5　2006 年、2016 年不同类型高校自然科学、社会科学、人文学科的本科在校生数量比例

图 3-5 显示，2016 年自然科学在综合类、理工类、农林类、师范类高校中大概占比分别为 67％、82％、74％、42％。其中，理工类高校的自然科学在校生数量从 2006 年的 191709 人增长至 2016 年的 212841 人，规模扩张比较突出，这与理工类高校独特的学科定位相吻合。在 20 世纪 90 年代中国掀起的兴办综合性大学热潮的推动下，不少单科性大学通过临时开设人文社科专业来达到科类数量增加的目的。这种做法在一定程度上造成了目前综合类大学科类结构不均衡的结果。相比之下，社会科学和人文学科在四类高校中的变化并不明显，波动较小。

(二)不同类型高校的应用学科与基础学科结构趋同

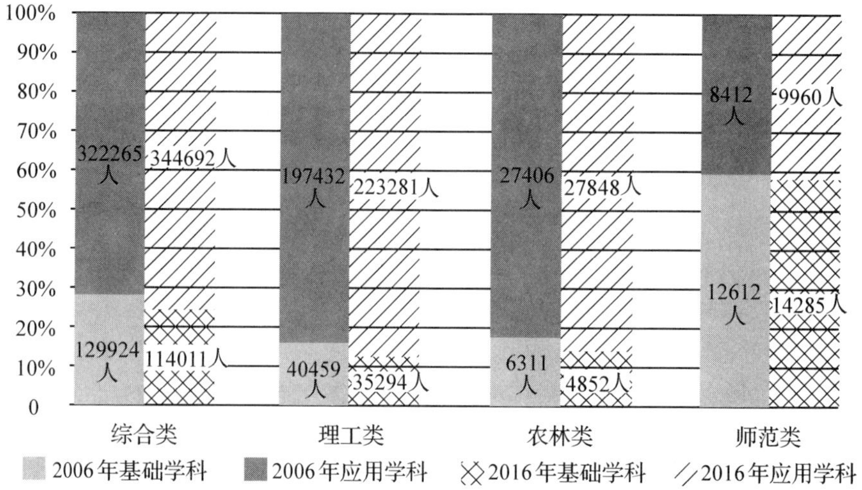

图3-6　2006年、2016年不同类型高校基础学科、应用学科的本科在校生数量比例

从图3-6中可以直观地观察到2016年应用学科在综合类、理工类和农林类高校中的占比均超过70％。三类高校的基础学科比例逐渐降低，降幅均在3％～4％。此外，师范类高校保持了独特的科类特征：尽管应用学科的规模有小幅度增加，但基础学科在师范类高校中始终占有60％左右的比例，且在校生数量持续增加。

从图3-6反映的情况可以推测不同类型的大学存在趋同性，但这只是停留在表面上的推断。为了进一步检验推测是否正确，本书采用方差分析法，因变量为样本高校应用学科在总科类中的占比，因素变量为三种学校类型，借助SPSS23.0对2006年和2016年高校数据进行处理和分析，得到如表3-1所示的统计量表。样本方差齐性检验结果见表3-2。从显著性概率看，$p > 0.05$，满足方差分析的前提要求。方差分析结果如表3-3所示，可以看出2016年学校类型可解释的变差为0.095，样本误差引起的变差为0.456，对应的概率p为0.049，$p < 0.05$。尽管从数理统计意义上，目前三类高校的科类结构仍有显著性差异，但是与2006年的方差分析结果对比发现显著性下降了，这意味着不同学校类型之间的差异性正在逐渐缩小。

表 3-1　不同类型高校应用学科占比的基本描述统计量表

年份	学校类型		样本含量 /N	均值	标准差	标准误差	均值的 95% 置信区间		极小值	极大值	分量间方差
							下限	上限			
2006	综合类		20	0.6905	0.13706	0.03065	0.6264	0.7547	0.47	0.92	
	理工类		13	0.8133	0.11095	0.03077	0.7462	0.8803	0.47	0.90	
	农林类		2	0.8135	0.00717	0.00507	0.7491	0.8780	0.81	0.82	
	总数		35	0.7431	0.13654	0.02308	0.6962	0.7900	0.47	0.92	
	模型	固定效应			0.12558	0.02123	0.6999	0.7864			
		随机效应				0.05387	0.5114	0.9749			0.00524
2016	综合类		20	0.7369	0.10685	0.02389	0.6869	0.7869	0.56	0.90	
	理工类		13	0.8397	0.14120	0.03916	0.7544	0.9250	0.39	0.93	
	农林类		2	0.8552	0.01655	0.01170	0.7065	1.0039	0.84	0.87	
	总数		35	0.7818	0.12732	0.02152	0.7381	0.8256	0.39	0.93	
	模型	固定效应			0.11943	0.02019	0.7407	0.8229			
		随机效应				0.04549	0.5861	0.9775			0.00355

表 3-2　不同类型高校方差齐性检验结果

年份	Levene 统计量	df1	df2	显著性
2006	3.224	2	32	0.053
2016	0.998	2	32	0.380

表 3-3　高校类型对应用学科占比的单因素方差分析结果

年份	来源	平方和	df	均方	F	显著性
2006	组间	0.129	2	0.065	4.095	0.026
	组内	0.505	32	0.016		
	总数	0.634	34			

续表

年份	来源	平方和	df	均方	F	显著性
	组间	0.095	2	0.047	3.320	0.049
2016	组内	0.456	32	0.014		
	总数	0.551	34			

三、不同地区一流大学建设高校的科类结构特征

(一)自然科学在东、中、西部的高校科类结构中占比领先

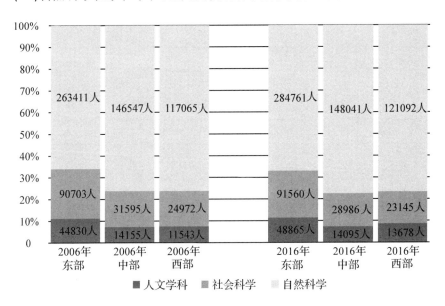

图 3-7 2006 年、2016 年东、中、西部高校自然科学、

社会科学、人文学科的在校生数量比例

从图 3-7 中可以看出,按照地区对高校进行划分后,自然科学在不同地区的样本高校中仍然保持高比例,再次证实了样本高校在培养创新拔尖人才中的重要地位。相反,社会科学和人文学科在不同地区呈现出差异化特征:从占比上看,2016 年东部地区高校社会科学、人文学科占比分别约为 21.53%、11.49%,高于同期中、西部地区对应的比例;从变化趋势来看,2006—2016 年,东部地区的社会科学、人文学科在校生规模均有所扩大,中部地区的社会

科学、人文学科在校生规模皆为缩小趋势，西部地区的社会科学在校生数量也减少了。科类结构在一定程度上可以反映出不同地区产业结构和就业结构的差异。目前东部地区大部分已经完成了产业转型，第三产业比重上升及知识经济时代的到来使人们对劳动力素质的要求也发生了转变，因此管理学、经济学等研究社会关系的科类也逐渐发展起来。

（二）东、中、西部高校的应用学科与基础学科结构趋同

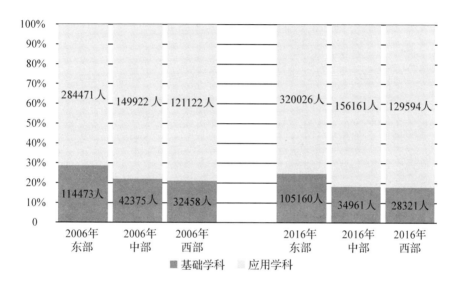

图 3-8 **2006 年、2016 年东、中、西部高校基础学科、应用学科的在校生数量比例**

图 3-8 显示，2006—2016 年东、中、西部高校在应用学科和基础学科的结构方面呈现基本一致的变化趋势：一方面，应用学科在校生数量均有不同程度的增长；另一方面，东、中、西部高校应用学科大约占比分别从 71.31%、77.96%、78.87%提高到 75.27%、81.71%、82.07%，增幅为 4%左右。

同样，使用方差分析法验证东、中、西部高校的科类结构是否存在趋同性，因变量为样本高校应用学科在总科类中的占比，因素变量为三个不同地区，借助 SPSS23.0 对 2016 年高校数据进行处理和分析，得到如表 3-4 所示的统计量表。样本方差齐性检验结果见表 3-5。从显著性概率看，$p>0.05$，满足方差分析的前提要求。方差分析结果如表 3-6 所示，可以看出 2016 年对应的概率 p 为

0.367，$p > 0.05$。由此可推定东、中、西部高校的科类结构差异性不显著，存在趋同性。

表3-4　不同地区高校应用学科占比的基本描述统计量表

地区		样本含量/N	均值	标准差	标准误差	均值的95%置信区间		极小值	极大值	分量间方差
						下限	上限			
东部		24	0.7378	0.14891	0.03040	0.6749	0.8007	0.37	0.92	
中部		6	0.7766	0.19383	0.07913	0.5732	0.9801	0.39	0.93	
西部		7	0.8294	0.11392	0.04306	0.7241	0.9348	0.60	0.93	
总数		37	0.7614	0.15119	0.02485	0.7110	0.81	0.37	0.93	
模型	固定效应			0.15105	0.02483	0.7110	0.8119			
	随机效应				0.02559	0.6513	0.8716			0.00008

表3-5　不同地区高校方差齐性检验结果

Levene统计量	df1	df2	显著性
0.744	2	34	0.483

表3-6　不同地区对应用学科占比的单因素方差分析结果

来源	平方和	df	均方	F	显著性
组间	0.047	2	0.024	1.033	0.367
组内	0.776	34	0.023		
总数	0.823	36			

四、一流大学建设高校科类结构的优化建议

本节以37所一流大学建设高校为样本，分别从样本整体、学校类型、区域类型三个角度对本科教育的科类结构进行探讨，分析发现一流大学建设高校呈现出以下特征：首先，大部分科类规模持续扩大，内部结构整体稳定；其次，自然科学发展突出，社会科学和人文学科占比不高；再次，不论是从科类整体，

还是从学校类型、地区类型来看，"重应用、轻基础"的问题明显；最后，高校间、地区间科类结构存在趋同。下面结合我国当前政策要求和学界已有研究结论，提出初步的优化设想。

(一)夯实基础学科，培养优质人才

一流大学建设高校的本科教育以培养拔尖创新人才为目标。经济学家熊彼特曾将创新定义为以独特的方式在不同知识和思想之间建立独特联系的能力，强调了学生对基础知识的广泛涉猎。国外一流大学都十分重视对学生的通识教育，通识教育基本覆盖了所有基础学科。① 近年来，国内高校也逐渐意识到了基础学科的重要性。例如，北京大学"元培计划"强调基础、能力、素质三要素的全面发展，实践本科阶段低年级通识教育和高年级宽口径专业教育相结合的教育理念；北京师范大学自2010年建立励耘学院以来，一直致力于培养具有国际一流水平的基础学科领域拔尖创新人才，以此促进我国基础科学研究水平的提升。但从高校整体水平来看，大部分高校对基础学科的重视程度依旧不够，因此，应借鉴国内外优秀经验，提高本科教育中基础学科的比重。

(二)突出重点特色，打造学科"高峰"

通过总结国外一流大学的办学经验，可以发现一所实力雄厚的高校绝不仅仅盲目追求学科"大而全"，而会努力寻找自身的发展特色。学科水平是影响大学学术声誉、学术地位与发展水平的关键因素。以麻省理工学院和普林斯顿大学为例，虽然二者在学科门类上数量并不算多，但其一流的理工学科成为它们跻身世界一流大学的王牌。我国相关文件在关于高等教育学科建设的要求上反复提及"突出学科重点"，但各个高校在实际落实过程中做得并不到位。根据美国基础科学指标(ESI)的评价结果，我国目前有一批重点学科已接近或达到国际水平，但属于临界影响力学科。因此，我国应引导高校科学定位，克服同质化倾向，树立独特的办学理念和风格，以学科"高峰"拉动学科群"高原"的建设。

---

① 王小力、彭正霞：《世界一流大学的学科布局与选择——基于2015QS世界大学学科排名的分析》，载《苏州大学学报(教育科学版)》，2015(4)。

（三）结合三方力量，推动经济发展

高校科类结构受"资源约束"模式影响已久，该模式使科类结构无法及时根据社会经济发展情况做出适当的调整和改变。通过国际比较，发现目前我国科类结构调整和管理的步伐滞后于产业结构和人力资源市场的需求①，由此引发的大学生结构性失业问题已经成为政府和社会共同关注的焦点。2017 年教育部高等教育教学评估中心首次发布的《中国本科教育质量报告》显示，2005—2015 年我国本科毕业生累计达到 2853 万人，本科毕业生占新增城镇就业人口的比例从 22%增加到 47.2%。本科毕业生为我国新增人力资源注入了活力。同时，本科生就业难、专业不对口等各种矛盾冲突逐渐出现。麦可思研究院发布的《2018 年中国大学生就业报告（就业蓝皮书）》对艺术学、法学、历史学等学科专业的就业情况提出红牌预警。我国正处在加快转变经济发展方式、推动产业转型升级的关键时期，各地区应当联动政府、市场和高校三方力量，通过高等教育科类结构调整，优化人力资源就业结构，更好地实现科类结构与经济发展的良性互动。

世界一流大学建设是国家教育的重要战略决策。优化科类结构、提高本科教育质量是高等教育内涵式发展的必经之路，也是推动高等教育大国向高等教育强国转变的必然要求。一流大学建设高校应提高对本科教育的重视程度，以人才培养为核心，继续完善科类结构，充分意识到不同学科之间的差异与特点，关注差异，优化学科建设模式，统筹做好整体布局规划。

第二节　我国高等教育的层次结构与就业结构研究

高等教育的层次结构和就业结构既属于教育问题，也属于社会问题。在高等教育各层次人才培养比例失调、层次结构不合理引发了一系列就业问题、各地区高等教育发展状况不同的现实背景下，本节将高等教育的层次结构与就业

---

① 陈羽洁：《中美高等教育学科结构比较研究》，硕士学位论文，天津大学，2012。

结构的适应性关系进行研究，对社会与高校的契合与联动关系进行探索，这在缓解毕业生就业问题、促进高等教育适应并引领社会进步方面都将产生积极作用。

一、我国及各地区高等教育的层次结构

对高等教育的层次结构的研究主要采用招生数、在校生数两种度量指标：招生数属于流量指标，极不稳定，但相对来说更能反映社会需求与国家政策的引导趋向；在校生数属于存量指标，相对来说更为稳定。为系统、全面地了解目前高等教育人才培养层次结构的现状，本节选择2007—2015年全国及31个省份①高等教育研、本、专的在校生数和招生数②进行分析。

限于篇幅，本节在研究31个省份高等教育人才培养层次结构时仅在东部、中部和西部各选择一个省份作为代表区域呈现。东部地区选择北京市，中部地区选择山西省，西部地区选择四川省。③ 北京市的高等教育实力在全国领先，人口密度高，所创造的就业机会较多，吸纳的高等教育人才也多，高等教育规模与人口发展适应性较好，是东部地区高等教育发展的领头羊。山西省的高等教育岗位需求呈现多元化趋势，高校专业设置与市场需求的匹配度有所提高，就业人口的吸纳能力也有所增强。山西处于中部地区，高等教育实力较强，高等教育就业人口总比例高于全国平均水平。虽然四川省属于西部地区，但在西部12个省份中，其高等教育实力较强④，高等教育发展水平在全国中处于中等水平⑤，高等教育人才培养层次较为合理，人口数量排在全国前列。

---

① 除香港、澳门、台湾地区之外的31个省份。

② 高等学校在校生数和招生数全部来源于《中国教育统计年鉴》(2007—2015)。

③ 关于我国东、中、西部地区的划分，有两种不同的划分方法：一种是纯粹按照地理位置(包括地形和风俗特点)划分，另一种是按照经济发展水平划分。本节所关注的适应性评价研究与各地区的经济发展水平相关，因此，在区域划分上选择按照经济发展水平划分。余下的28个省份各层次招生结构及在校生结构发展变化结果在此不一一呈现，但分析思路及分析方法均是相同的。在小结中，各省份的研究结果也都会涉及。

④ 崔玉平：《省域高等教育实力的分类评价》，载《清华大学教育研究》，2010(1)。

⑤ 蒋莉莉、赵宏斌：《我国高等教育大省和高等教育强省的评价与分类》，载《高教探索》，2008(6)。

（一）我国高等教育招生层次结构的发展变化

表 3-7　我国各层次招生数发展变化情况①

年份	全国高等教育各层次招生数（单位：人）			全国高等教育各层次招生数年增长率（%）			全国高等教育各层次招生数占比（%）		
	研究生	本科	专科	研究生	本科	专科	研究生	本科	专科
2007	418612	3641829	3928497	5.20	10.07	−1.70	5.24	45.59	49.17
2008	446422	3801963	4300201	6.64	4.40	9.46	5.22	44.47	50.30
2009	510953	4076876	4332832	14.46	7.23	0.76	5.73	45.70	48.57
2010	538177	4365882	4335928	5.33	7.09	0.07	5.82	47.25	46.93
2011	560168	4463652	4536498	4.09	2.24	4.63	5.86	46.69	47.45
2012	589673	4725391	4602496	5.27	5.86	1.45	5.95	47.65	46.41
2013	611381	4852489	4710775	3.68	2.69	2.35	6.10	47.69	46.30
2014	621323	4936561	4933466	1.63	1.73	4.73	5.92	47.05	47.02
2015	645055	4908859	4837091	3.82	−0.56	−1.95	6.21	47.24	46.55

如表 3-7 所示，2007—2014 年，我国高等教育总招生数逐年增加，由 2007 年的 7988938 人增加到 2014 年的 10491350 人。2015 年招生总数稍有减少，较上一年减少了 100345 人。这可以从招生数中发现原因，2015 年本科和专科招生数较 2014 年分别减少了 27702 人、96375 人。2007—2015 年，研究生层次的招生数在各年份均逐年增加。

从各层次招生数年增长率来看，不同层次的招生数在不同年份增幅各不相同：本科和专科层次的招生数在 2015 年为负增长，说明在该年份招生数出现了下降，与实际情况相符；其他年份年增长率均为正值，说明招生数逐年增加。本科在 2009 年出现最大值，增幅为 7.23%。专科在 2008 年出现最大值，增幅

① 为使数据更加直观，便于阅读，本节表格比例数据保留小数点后两位，占比求和有的可能不是 100%，仅仅是四舍五入的数据精度问题，如按三位小数，求和均为 100%。

为 9.46％。研究生在各年份的增长率均为正值，即使在 2015 年，本科和专科均为负增长的情况下，其增幅仍然达到了 3.82％；2009 年研究生层次的增长率达到峰值，为 14.46％。

通过计算年均增长率发现，2007—2015 年，研究生层次招生数的增幅大于本科层次，增幅最慢的为专科层次。三个层次的年均增长率分别为 5.55％、3.80％、2.63％。研究生层次的增幅是专科层次增幅的两倍多，说明近年来，国家在政策导向上更加重视研究生层次的教育，扩大研究生规模的趋势更加明显。

从各层次招生数占比来看，研究生层次的比重较为稳定，维持在 5.22％～6.21％，且各年份占比基本呈逐年增加趋势，2015 年达到 6.21％，为 9 年来的最高比重。本科和专科层次的占比发生了较大变化：2007—2009 年专科层次占比始终超过本科；2010 年，本科层次占比首次超过专科；2011 年，专科层次占比再次超过本科；2012—2015 年，本科层次占比始终超过专科，但差距不大。从三个层次比例关系变化来看，我国高等教育研、本、专的招生数占比从 2007 年的 5.24∶45.59∶49.17 变化为 2015 年的 6.21∶47.24∶46.55，说明我国高等教育快速发展的增长点一度由专科层次变成本科层次，专科层次的占比在下降，本科层次和研究生层次的占比在上升。

(二)我国高等教育在校生层次结构的发展变化

表 3-8　我国各层次在校生数发展变化情况

年份	全国高等教育各层次在校生数(单位：人)			全国高等教育各层次在校生数年增长率(%)			全国高等教育各层次在校生数占比(%)		
	研究生	本科	专科	研究生	本科	专科	研究生	本科	专科
2007	1195047	12470248	11620256	8.18	7.93	4.84	4.73	49.32	45.96
2008	1283046	13395039	12298159	7.36	7.42	5.83	4.76	49.65	45.59
2009	1404942	14055173	12804910	9.50	4.93	4.12	4.97	49.73	45.30
2010	1538416	14906589	12771728	9.50	6.06	−0.26	5.27	51.02	43.71

年份	全国高等教育各层次 在校生数(单位:人)			全国高等教育各层次 在校生数年增长率(%)			全国高等教育各层次 在校生数占比(%)		
	研究生	本科	专科	研究生	本科	专科	研究生	本科	专科
2011	1645845	15832709	12727331	6.98	6.21	—0.35	5.45	52.42	42.14
2012	1719818	16746383	12997895	4.49	5.77	2.13	5.47	53.22	41.31
2013	1793953	17598949	13345922	4.31	5.09	2.68	5.48	53.76	40.76
2014	1847689	18208570	13799641	3.00	3.46	3.40	5.46	53.78	40.76
2015	1911406	18560202	14052118	3.45	1.93	1.83	5.54	53.76	40.70

如表 3-8 所示,从各层次在校生数情况看,9 年来,研究生和本科这两个层次的在校生数逐年增加;专科层次在校生数在 2010 年减少了 33182 人,在 2011 年又减少了 44397 人。

从各层次在校生数年增长率来看,三个层次的年增长率在 2008 年都较高,说明该年份在校生数增幅较大。不同于招生数情况,2015 年本科和专科的年增长率均为正值,但专科层次的在校生数在 2010 年和 2011 年出现了负增长,降幅较小。研究生、本科两个层次的年增长率均为正值,说明这两个层次的在校生数均逐年增加。

从年均增长率来看,与招生数结果一致,研究生层次增长最快,年均增长率为 6.05%,本科为 5.10%,专科为 2.40%。

从各层次在校生数占比来看,研究生层次的占比基本呈逐年上升趋势,由 2007 年的 4.73% 上升到 2015 年的 5.54%,增加了 0.81 个百分点。总体来看,研究生在校生数占比相对来说比较稳定,始终维持在 5% 左右。不同于招生数占比情况,本科层次的在校生比重始终高于专科层次比重,且差距逐年扩大,由 2007 年相差 3.36 个百分点变化为 2015 年相差 13.06 个百分点。从总的比例关系看,9 年来,我国研、本、专在校生比例由 4.73∶49.32∶45.96 变化为 5.54∶53.76∶40.70,说明高等教育快速发展的重心始终是本科层次。

（三）各地区高等教育招生层次结构的发展变化

1. 东部地区高等教育招生层次结构的发展变化（以北京市为例）

表 3-9　北京市各层次招生数发展变化情况

年份	北京市高等教育各层次招生数（单位：人）			北京市高等教育各层次招生数年增长率（%）			北京市高等教育各层次招生数占比（%）		
	研究生	本科	专科	研究生	本科	专科	研究生	本科	专科
2007	65677	171769	95659	1.82	2.84	−1.05	19.72	51.57	28.72
2008	68489	171823	97352	4.28	0.03	1.77	20.28	50.89	28.83
2009	76772	176086	93391	12.09	2.48	−4.07	22.17	50.86	26.97
2010	80972	179686	84741	5.47	2.04	−9.26	23.44	52.02	24.53
2011	83826	179812	85096	3.52	0.07	0.42	24.04	51.56	24.40
2012	87890	183695	84244	4.85	2.16	−1.00	24.70	51.62	23.68
2013	92256	183685	79833	4.97	−0.01	−5.24	25.93	51.63	22.44
2014	101016	176618	70417	9.50	−3.85	−11.79	29.02	50.74	20.23
2015	103456	170205	59263	2.42	−3.63	−15.84	31.07	51.12	17.80

如表 3-9 所示，从各层次招生数情况看，研究生层次的招生数逐年增加，2015 年比 2007 年增加了 37779 人。本科层次的招生数分为两个阶段：2007—2012 年，招生数逐年增加，2013—2015 年，招生数逐年减少。从首末年比较来看，本科招生数减少了 1564 人。专科招生数基本呈减少趋势，除 2008 年和 2011 年稍有增加外，其他年份均逐年减少。与 2007 年相比，2015 年专科招生数减少了 36396 人。

从各层次招生数年增长率来看，本科和专科均出现过负增长，说明这两个层次的招生数均出现过减少的情况。本科在 2014 年降幅最大，达到 3.85%；2012 年后，专科降幅逐年增加。研究生层次招生数年增长率均为正值，说明研究生招生数逐年增加，2009 年增幅最大，达到 12.09%。

通过计算年均增长率发现，2007—2015 年，北京市高等教育本科和专科层次的招生数呈减少趋势，本科年均减少 0.12 个百分点，专科年均减少 5.81 个百分点；研究生层次的年均增长率为 5.84％，相比全国高出 0.29 个百分点。从总体来看，9 年来北京市高等教育招生数有所减少。

从各层次招生数占比来看，研究生层次占比逐年增加，9 年共增加了 11.35 个百分点；本科层次占比比较稳定，维持在 51％ 左右，2010 年达到最高（52.02％）；专科层次占比整体呈明显下降趋势，2015 年相较于 2007 年下降 10.92 个百分点。将不同层次招生数占比进行比较发现，本科层次的教育始终是北京市的高等教育快速发展的支柱，其比重始终占据着绝对地位。研、专两个层次招生数占比发生了显著变化：2007—2011 年，专科层次占比超过研究生层次比重，但差距逐年缩小；2011 年以后，研究生层次超过专科层次，且差距逐年扩大。9 年来，北京市研、本、专各层次占比由 19.72∶51.57∶28.72 变为 31.07∶51.12∶17.80，说明本科层次的教育始终是高等教育发展的主体，研究生层次的教育超过了专科层次的教育，跃居为第二位，是北京市高等教育快速发展的又一大增长点。

2. 中部地区高等教育招生层次结构的发展变化(以山西省为例)

表 3-10　山西省各层次招生数发展变化情况

年份	山西省高等教育各层次招生数(单位：人)			山西省高等教育各层次招生数年增长率(％)			山西省高等教育各层次招生数占比(％)		
	研究生	本科	专科	研究生	本科	专科	研究生	本科	专科
2007	6364	84206	94716	12.88	11.96	−15.09	3.43	45.45	51.12
2008	6919	89659	101640	8.72	6.48	7.31	3.49	45.23	51.28
2009	8031	99932	112879	16.07	11.46	11.06	3.64	45.25	51.11
2010	8074	110318	124996	0.54	10.39	10.73	3.32	45.33	51.36
2011	8745	116810	127391	8.31	5.88	1.92	3.46	46.18	50.36
2012	9212	122464	137002	5.34	4.84	7.54	3.43	45.58	50.99
2013	9384	134497	135407	1.87	9.83	−1.16	3.36	48.16	48.48
2014	9141	134667	119163	−2.59	0.13	−12.00	3.48	51.21	45.31
2015	9769	134657	115012	6.87	−0.01	−3.48	3.77	51.90	44.33

如表 3-10 所示，从 2007—2015 年各层次招生总数来看，其总人数变化可以分为两个阶段：2007—2013 年，高等教育招生总数逐年增加；2013—2015 年，高等教育招生总数逐年减少。从各层次招生数情况看，研究生层次的招生数在 2014 年有所减少，2015 年迅速增加，且超过了 2013 年的招生数；本科层次的招生数除 2015 年外，其他年份均逐年增加；专科层次的招生数于 2007—2012 年逐年增加，2013 年开始逐年减少。

从各层次招生数年增长率来看，2007—2015 年，三个层次的招生数在不同年份均出现过减少。研究生层次的招生数在 2014 年减少了 2.59 个百分点，本科层次的招生数在 2015 年减少了 0.01 个百分点，专科层次的招生数于 2013—2015 年持续减少。进一步分析增长率发现，山西省高等教育各层次在 2009 年均出现了较大幅度的上升，增幅为 9 年来的最大值，均超过 10%。

选取首末年的招生数计算出 9 年来的招生总增长率和年均增长率，可以发现 2007—2015 年，山西省高等教育研、本、专各层次招生数的总增长率分别为 53.50%、59.91%、21.43%，年均增长率分别为 5.50%、6.04%、2.46%。各层次增长率均为正值，说明三个层次的招生数总体不断增加，呈现出"本科增幅＞研究生增幅＞专科增幅"的特点，且研究生年均增长率为专科年均增长率增幅的 2 倍多。

从各层次招生数占比来看，研究生层次占比非常稳定，始终维持在 3%～4%；本科占比总体呈增加趋势，专科基本逐年减少。在三个层次中，研究生占比始终最低；本科和专科比重关系发生了较大转变：2007—2013 年，专科占比始终高于本科占比，位居第一；2014—2015 年，专科占比低于本科占比，退居第二，且二者的差距越来越大，2015 年相差 7.57 个百分点。山西省 2007—2015 年研、本、专占比由 3.43∶45.45∶51.12 变为 3.77∶51.90∶44.33。这一结果说明 9 年来，山西省高等教育快速发展的主体一度由专科教育转变为本科教育，本科教育成了山西省高等教育快速发展的增长点。

3. 西部地区高等教育招生层次结构的发展变化(以四川省为例)

表 3-11　四川省各层次招生数发展变化情况

年份	四川省高等教育各层次招生数(单位：人)			四川省高等教育各层次招生数年增长率(%)			四川省高等教育各层次招生数占比(%)		
	研究生	本科	专科	研究生	本科	专科	研究生	本科	专科
2007	20381	172474	205011	6.11	9.82	0.94	5.12	43.35	51.53
2008	21614	182901	227743	6.05	6.05	11.09	5.00	42.31	52.69
2009	24317	195262	220788	12.51	6.76	−3.05	5.52	44.34	50.14
2010	26024	215129	243784	7.02	10.17	10.42	5.37	44.36	50.27
2011	26522	208457	270337	1.91	−3.10	10.89	5.25	41.25	53.50
2012	27553	219396	293403	3.89	5.25	8.53	5.10	40.60	54.30
2013	28123	222522	300478	2.07	1.42	2.41	5.10	40.38	54.52
2014	27817	223835	341761	−1.09	0.59	13.74	4.69	37.72	57.59
2015	28895	242512	323248	3.88	8.34	−5.42	4.86	40.78	54.36

如表 3-11 所示，各层次招生总数逐年增加，2015 年比 2007 年增加了 196789 人。从各层次招生数情况来看，研究生层次的招生数在 2014 年出现了小幅减少，减少了 306 人；本科层次的招生数在 2011 年减少了 6672 人；专科层次的招生数在 2009 年、2015 年分别减少了 6955 人、18513 人。

从各层次招生数年增长率来看，2007—2015 年，各层次的年增长率均出现过负值，说明三个层次招生数均出现过减少的情况。研究生在 2014 年减少了 1.09%，本科在 2011 年减少了 3.10%，专科在 2009 年和 2015 年分别减少了 3.05%、5.42%。其他年份各层次的招生数均逐年增加。

通过计算年均增长率发现，2007—2015 年，研、本、专招生数年均增长率分别为 4.46%、4.35%、5.86%，说明三个层次的招生数总体呈现出逐年增加的趋势；但各层次招生数增加速度不同，专科发展速度最快，其次为研究生，本科发展速度相对较缓。

从各层次招生数占比看，研究生比重非常稳定，维持在 5% 左右，且始终在三个层次中占比最低。本科和专科层次的招生数占比各年份波动变化，但选取首末年比重进行比较发现，本科层次的招生数占比出现了下降，专科层次的招生数占比呈上升趋势。从各层次比例关系总体情况看，四川省高等教育研、本、专招生比重由 2007 年的 5.12：43.35：51.53 变为 2015 年的 4.86：40.78：54.36，各年份的招生数始终呈现出"专科占比＞本科占比＞研究生占比"的特点。专科层次的教育始终是四川省高等教育快速发展的增长点。

(四)各地区高等教育在校生层次结构的发展变化

1.东部地区高等教育在校生层次结构的发展变化(以北京为例)

表 3-12　北京市各层次在校生数发展变化情况

年份	北京市高等教育各层次在校生数(单位：人)			北京市高等教育各层次在校生数年增长率(%)			北京市高等教育各层次在校生数占比(%)		
	研究生	本科	专科	研究生	本科	专科	研究生	本科	专科
2007	189185	609027	280944	5.26	2.85	−2.76	17.53	56.44	26.03
2008	197590	627604	277075	4.44	3.05	−1.38	17.93	56.94	25.14
2009	211386	617223	257943	6.98	−1.65	−6.90	19.45	56.81	23.74
2010	227126	620200	240136	7.45	0.48	−6.90	20.89	57.03	22.08
2011	243062	630280	227903	7.02	1.63	−5.09	22.07	57.23	20.70
2012	254610	644769	217722	4.75	2.30	−4.47	22.79	57.72	19.49
2013	268107	650052	213296	5.30	0.82	−2.03	23.70	57.45	18.85
2014	299562	647846	200681	11.73	−0.34	−0.591	26.09	56.43	17.48
2015	309960	635167	177838	3.47	−1.96	−11.38	27.60	56.56	15.84

如表 3-12 所示，从 2007—2015 年在校生总数来看，各年份虽波动变化，但总体呈增加趋势，由 2007 年的 1079156 人增加到 2015 年的 1122965 人，增幅约为 4.06％。从各层次情况来看，研究生层次的在校生数逐年增加，本科层次的在校生数在 2009 年、2014—2015 年均出现了减少，专科层次的在校生数逐年减少。

从各层次在校生数年增长率来看，研究生层次的在校生数年增长率均为正值，且增幅均超过 3％；本科层次的在校生数年增长率出现了负值；专科层次的年增长率均为负值，说明这一层次的在校生数逐年减少，2015 年降幅最大（11.38％）。

选取首末年在校生数计算出 2007—2015 年北京在校生数各层次年均增长

率，研究生层次和本科层次的在校生数呈增加趋势，其年均增长率分别为6.37%、0.53%；专科层次的在校生数逐年减少，其年均降幅为5.56%。总体来看，北京市高等教育在校生数出现了增加。

从各层次在校生数占比来看，研究生层次的在校生数占比逐年增加；本科层次的在校生数占比较稳定，维持在56%～58%；专科层次的在校生数占比逐年下降。2007—2010年，专科层次在校生数占比超过研究生层次的在校生数占比，差距逐年缩小；2011年之后，研究生层次的在校生数占比超过专科层次的在校生数占比，且差距逐年加大，2015年相差11.76个百分点。北京市2007—2015年研、本、专比例由17.53∶56.44∶26.03变为27.60∶56.56∶15.84。本科教育始终是高等教育快速发展的主体；研究生教育超过专科教育，跃居为仅次于本科教育的高等教育快速发展的新的增长点。

2. 中部地区高等教育在校生层次结构的发展变化（以山西省为例）

表3-13　山西省各层次在校生数发展变化情况

年份	山西省高等教育各层次在校生数（单位：人）			山西省高等教育各层次在校生数年增长率（%）			山西省高等教育各层次在校生数占比（%）		
	研究生	本科	专科	研究生	本科	专科	研究生	本科	专科
2007	16604	285728	326509	15.03	8.21	1.37	2.64	45.44	51.92
2008	18938	309270	343403	14.06	8.24	5.17	2.82	46.05	51.13
2009	21556	331702	345947	13.82	7.25	0.74	3.08	47.44	49.48
2010	23555	360851	346277	9.27	8.79	0.10	3.22	49.39	47.39
2011	24790	399430	362838	5.24	10.69	4.78	3.15	50.75	46.10
2012	26098	432858	385917	5.28	8.37	6.36	3.09	51.23	45.68
2013	27473	468253	397458	5.27	8.18	2.99	3.08	52.43	44.50
2014	27962	494084	392231	1.78	5.52	−1.32	3.06	54.04	42.90
2015	28668	517292	367447	2.52	4.70	−6.32	3.14	56.63	40.23

如表3-13所示，从在校生总数看，2007—2014年山西高等教育在校生总数逐年增加，由2007年的628841人增加到2014年的914277人；2015年相比上一年出现了减少，共减少了870人。从各层次在校生数来看，研究生层次和本科层次的在校生数均逐年增加，专科层次的在校生数从2014年开始出现了减少。

从各层次在校生数年增长率看,研究生层次和本科层次年增长率均为正值,说明在校生数逐年增加,但增幅各不相同。2008 年和 2009 年研究生层次在校生数增幅较大,之后几年增幅基本呈下降趋势;本科层次增幅较为稳定,2013 年之前的增幅均超过 7%。专科层次 2014 年和 2015 年的在校生数年增长率为负值,说明这两年这一层次的在校生数出现了减少,其他年份均有所增加。

从各层次在校生数总增长率和年均增长率来看,2007—2015 年各层次在校生数总体均呈现出增加态势,但增幅各不相同。与招生数结果一致,本科层次的年均增幅最大(7.70%),研究生层次次之(7.07%),专科层次的增幅最小(1.49%)。

从各层次在校生数占比来看,研究生层次在校生数占比比较稳定,维持在 3% 左右,本科层次在校生数占比逐年增加,专科层次在校生数占比逐年下降。9 年来三个层次比例关系发生了如下变化:2007—2009 年是"专科占比>本科占比>研究生占比";2010—2015 年这一比例关系变成了"本科占比>专科占比>研究生占比",且本科占比与专科占比差距越来越大。这说明山西省高等教育快速发展的增长点一度由专科层次转变成了本科层次。

3. 西部地区高等教育在校生层次结构的发展变化(以四川省为例)

表 3-14 四川省各层次在校生数发展变化情况

年份	四川省高等教育各层次在校生数(单位:人)			四川省高等教育各层次在校生数年增长率(%)			四川省高等教育各层次在校生数占比(%)		
	研究生	本科	专科	研究生	本科	专科	研究生	本科	专科
2007	60965	597402	566575	8.63	5.97	4.61	4.98	48.77	46.25
2008	65199	644800	620334	6.94	7.93	9.49	4.90	48.47	46.63
2009	71105	678934	659264	9.06	5.29	6.28	5.05	48.18	46.78
2010	77534	727963	659489	9.04	7.22	0.03	5.29	49.69	45.02
2011	82857	771542	677247	6.87	5.99	2.69	5.41	50.37	44.22
2012	85626	805765	748253	3.34	4.44	10.48	5.22	49.14	45.64
2013	88237	834033	806003	3.05	3.51	7.72	5.11	48.26	46.64
2014	87867	849134	882200	−0.42	1.81	9.45	4.83	46.68	48.49
2015	89858	883089	908960	2.27	4.00	3.03	4.77	46.93	48.30

如表 3-14 所示，从各层次在校生总数来看，9 年来各层次在校生总数逐年增加，由 2007 年的 1224942 人增加到 2015 年的 1881907 人，增加了 656965 人。从各层次在校生数来看，本科层次和专科层次的在校生数均逐年增加，研究生层次的在校生数在 2014 年出现了小幅减少，相比上一年减少了 370 人；但 2015 年有所增加，且超过了 2013 年的在校生数。

从各层次在校生数年增长率来看，本科层次和专科层次年增长率均为正值，说明这两个层次在校生数逐年增加；研究生层次在 2014 年年增长率为 −0.42%，说明在校生数出现了小幅下跌。

选取首末年在校生数计算出 2007—2015 年四川在校生数各层次总增长率，可以发现 9 年来，四川省研、本、专三个层次的总增长率分别为 47.39%、47.82%、60.43%，增长率均为正值，说明各层次的在校生数总体呈逐年增加趋势。

从各层次在校生数占比来看，研究生层次的在校生数占比稳定，始终维持在 4%~6%，且在各层次占比中始终最低。本科层次和专科层次的在校生数占比各年份波动变化，但选取首末年占比观察发现，本科层次的在校生数占比总体呈下降趋势，专科层次的在校生数占比总体呈上升趋势。从总体情况来看，四川省高等教育各层次在校生数占比由 2007 年的 4.98:48.77:46.25 变化为 2015 年的 4.77:46.93:48.30，各层次的在校生数占比变化相对较小。从三个层次比例关系来看，可以分为两个阶段：2007—2013 年始终呈现出"本科占比＞专科占比＞研究生占比"的特点；2014—2015 年专科层次的在校生占比略超本科层次在校生占比，说明专科层次成了四川高等教育快速发展的增长点。

(五)小　结

我国高等教育学生总体规模不断扩大。从各层次学生规模来看，31 个省份研究生层次学生规模逐年扩大；除北京和上海外，其他 29 个省份本科层次学生规模逐年扩大；在专科层次方面，东部地区的北京、上海的招生数和在校生数及河北、江苏的在校生数出现了减少，中部地区的黑龙江的招生规模和在校生规模及湖北的在校生规模不断缩小，西部地区所有省份的招生规模和在校生规模均逐年扩大。

　　我国高等教育中研究生层次规模扩大速度最快，其次为本科层次，发展最缓慢的为专科层次。具体到省（自治区、直辖市）级层面，除广东、山西、四川、重庆、贵州、云南6个地区各层次的招生数增长速度差距不明显，其他25个省（自治区、直辖市）研究生层次的招生数增长速度最快，其年均增长率多数为专科层次招生数年均增长率的2～3倍，有的甚至达到20～30倍；近2/3的省（自治区、直辖市）研究生层次的在校生规模增速最快，远超专科层次的在校生规模，其余省份的本科发展速度最快。①

　　我国高等教育人才培养层次整体偏离了"金字塔"结构。从招生维度来看，2012年起，本科层次招生数占比超过专科，成为高等教育快速发展的新的增长点；从在校生维度来看，本科层次在校生数始终超过专科，且差距逐渐扩大，本科教育是高等教育快速发展的重心。

二、我国及各地区高等教育的就业结构

（一）我国高等教育的就业结构现状分析

表 3-15　我国各层次就业人口比例发展变化情况②

年份	全国各层次就业人口比例（%）			全国各层次就业人口年增长率（%）			全国各层次就业人口比例结构（%）		
	研究生	本科	专科	研究生	本科	专科	研究生	本科	专科
2007	0.23	2.14	4.25	—	—	—	3.45	32.29	64.26
2008	0.20	2.10	4.30	−12.42	−1.70	1.14	3.03	31.82	65.15
2009	0.21	2.27	4.38	5.00	8.10	1.86	3.06	33.09	63.85
2010	0.23	2.50	4.70	9.52	10.13	7.31	3.10	33.65	63.26

---

　　①　山西、福建、河南、广东、广西、云南、陕西、甘肃、贵州9个省份属于本科在校生数增长速度最快的一类；四川和重庆属于专科在校生数增长速度最快的一类。

　　②　表中所用数据来源于《中国人口就业统计年鉴》自2007年开始涵盖文中就业结构比例数据的具体统计，在未能获悉2006年对应数据的情况下，表3-15至表3-19中2007年"全国各层次就业人口年增长率（%）"相关项为空。

年份	全国各层次就业人口比例（%）			全国各层次就业人口年增长率（%）			全国各层次就业人口比例结构（%）		
	研究生	本科	专科	研究生	本科	专科	研究生	本科	专科
2011	0.39	3.70	6.00	69.57	48.00	27.66	3.87	36.67	59.46
2012	0.44	4.90	7.60	12.82	32.43	26.67	3.40	37.87	58.73
2013	0.48	5.20	8.00	9.09	6.12	5.26	3.51	38.01	58.48
2014	0.51	5.50	8.50	6.25	5.77	6.25	3.51	37.90	58.58
2015	0.55	6.20	9.30	7.84	12.73	9.41	3.43	38.63	57.94

如表 3-15 所示，从就业人口总比例来看，接受过高等教育的就业人口占比由 2007 年的 6.62% 增加到了 2015 年的 16.05%，总增长率为 142.45%。这意味着在劳动力市场上，高等教育就业人口比例保持着良好的增加势头。专科层次就业人口比例逐年增加，本科层次和研究生层次的就业人口比例除 2008 年稍有减少外其他年份均逐年增加。

从就业人口年增长率来看，研究生层次和本科层次的就业人口年增长率在 2008 年均为负值，在 2009—2015 年保持正增长率；专科层次就业人口年增长率始终为正值。选取首末年全国各层次就业人口比例计算出年均增长率，本科层次就业人口比例的年均增长率最高（14.25%），其次为研究生层次（11.61%），专科层次最低（10.28%）。

从各层次就业人口比例结构来看，研究生层次比例稳定在 3% 左右，占比最低；本科层次比例在各年份小幅波动变化，但总体呈逐年上升趋势；专科层次比例也在各年份波动变化，但总体呈下降趋势，9 年共下降了 6.32 个百分点。从总体来看，本科层次的比例虽在上升，但始终没有超过专科层次的比例；专科层次的比例虽在下降，但始终维持在 55% 以上，占绝对优势，说明专科层次的就业人口始终是高等教育就业人口的主体。

(二)各地区高等教育就业结构的现状①

1. 东部地区高等教育就业结构的现状(以北京市为例)

表 3-16　北京市各层次就业人口比例发展变化情况

年份	北京市各层次就业人口比例(%)			北京市各层次就业人口年增长率(%)			北京市各层次就业人口比例结构(%)		
	研究生	本科	专科	研究生	本科	专科	研究生	本科	专科
2007	3.41	15.99	16.30	——	——	——	9.56	44.79	45.65
2008	3.31	16.10	14.90	−3.00	0.70	−8.56	9.65	46.93	43.43
2009	3.09	15.26	14.45	−6.65	−5.22	−3.02	9.42	46.52	44.05
2010	3.38	17.40	15.20	9.39	14.02	5.19	9.39	48.36	42.25
2011	5.08	19.20	14.70	50.30	10.34	−3.29	13.03	49.26	37.71
2012	6.77	25.60	17.90	33.27	33.33	21.77	13.47	50.93	35.61
2013	6.79	27.50	19.30	0.30	7.42	7.82	12.67	51.32	36.01
2014	7.09	26.00	18.30	4.42	−5.45	−5.18	13.80	50.59	35.61
2015	7.87	29.50	18.50	11.00	13.46	1.09	14.09	52.80	33.11

　　如表 3-16 所示,从各层次就业人口总比例来看,2007—2015 年接受过高等教育的就业人口总比例呈波动上升趋势。2007—2009 年,总比例由 35.70% 下降到 32.80%;2010—2013 年总比例呈逐年增加趋势,且增幅较大;2014 年出现了小幅下降;2015 年再次上升,达到 55.87%。这一结果说明北京市接受过高等教育的就业人口已经占大多数。

　　从各层次就业人口年增长率来看,三个层次的年增长率均出现过负值。研究生层次就业人口年增长率在 2008 年和 2009 年分别下降了 3.00 个百分点和 6.65 个百分点,其他年份均为正增长,2011 年增速最快。本科层次就业人口年增长率在 2009 年和 2014 年分别下降了 5.22 个百分点和 5.45 个百分点,其他年

---

　　①　就业结构数据来源于《中国人口和就业统计年鉴》(2007—2015)。与人才培养层级结构的分析相同。本书仅在东部、中部、西部分别选择北京、山西、四川作为代表进行分析,余下的 27 个省份(西藏自治区数据缺失)的就业结构发展变化结果在此不一一呈现,但分析思路及分析方法均是相同的。

份均逐年增加，且在 2012 年增速最快，达到 33.33％。专科层次就业人口年增长率也在 2012 年增幅达到最大。研究生、本科、专科层次就业人口年均增长率分别为 11.01％、7.96％、1.60％，说明三个层次的就业人口比例增速依次放缓。

从各层次就业人口比例结构来看，研究生层次和本科层次就业人口比例在各年份波动变化，但总体呈上升趋势。专科层次就业人口比例虽也波动变化，但总体呈下降趋势。从总体来看，北京市高等教育各层次就业人口比例结构由 2007 年的 9.56∶44.79∶45.65 变为 2015 年的 14.09∶52.80∶33.11，说明北京市高等教育就业人口主体一度由专科层次转移到本科层次，研究生层次增长了近 5 个百分点。

2. 中部地区高等教育就业结构的现状(以山西省为例)

表 3-17　山西省各层次就业人口比例发展变化情况

年份	山西省各层次就业人口比例(％)			山西省各层次就业人口年增长率(％)			山西省各层次就业人口比例结构(％)		
	研究生	本科	专科	研究生	本科	专科	研究生	本科	专科
2007	0.17	2.58	5.34	—	—	—	2.11	31.85	66.04
2008	0.14	2.50	5.30	−17.88	−2.95	−0.78	1.76	31.49	66.75
2009	0.07	2.01	5.09	−50.00	−19.60	−3.96	0.98	28.03	70.99
2010	0.08	2.40	5.40	14.29	19.40	6.09	1.02	30.46	68.53
2011	0.21	3.50	7.00	162.50	45.83	29.63	1.96	32.68	65.36
2012	0.13	4.40	8.40	−38.10	25.71	20.00	1.01	34.03	64.97
2013	0.22	5.20	10.00	69.23	18.18	19.05	1.43	33.72	64.85
2014	0.20	5.40	9.70	−9.09	3.85	−3.00	1.31	35.29	63.40
2015	0.29	5.70	10.80	45.00	5.56	11.34	1.73	33.95	64.32

如表 3-17 所示，从各层次就业人口总比例来看，2007—2015 年接受过高等教育的就业人口总比例在各年份波动变化，且变化幅度较大；从首末年情况看，总体呈上升趋势，2015 年的总比例约为 2007 年的 2 倍。

从各层次就业人口年增长率来看，三个层次均出现过负值。研究生层次就业人口年增长率在 2008—2009 年、2012 年、2014 年有所下降，其他年份均为正增长，2011 年增速最快，达到 162.50%。本科层次就业人口年增长率在 2008—2009 年有所下降，其他年份均逐年增加，且在 2011 年增速最快，达到 45.83%。专科层次就业人口年增长率在 2008—2009 年、2014 年小幅下降，在 2011 年增幅达到最大。通过计算年均增长率发现，本科层次就业人口的年均增长率最高(10.44%)，其次为专科(9.20%)，研究生层次最低(6.87%)。

从各层次就业人口比例结构来看，各层次就业人口比例结构在各年份均波动变化。从首末年数据结果来看，专科层次就业人口比例结构占比最高，其次为本科层次，研究生层次的就业人口比例结构始终较低。从总体来看，山西省高等教育各层次就业人口比例由 2007 年的 2.11：31.85：66.04 变为 2015 年的 1.73：33.95：64.32，研究生层次和专科层次的就业人口比例结构稍有下降，本科层次的就业人口比例结构稍有上升。

3. 西部地区高等教育就业结构的现状(以四川省为例)

表 3-18　四川省各层次就业人口比例发展变化情况

年份	四川省各层次就业人口比例(%)			四川省各层次就业人口年增长率(%)			四川省各层次就业人口比例结构(%)		
	研究生	本科	专科	研究生	本科	专科	研究生	本科	专科
2007	0.02	1.07	2.62	—	—	—	0.61	28.80	70.60
2008	0.07	1.40	2.60	210.07	30.83	−0.89	1.72	34.40	63.88
2009	0.09	0.95	2.27	28.57	−32.14	−12.69	2.72	28.70	68.58
2010	0.16	1.90	3.40	77.78	100.00	49.78	2.93	34.80	62.27
2011	0.21	2.30	4.40	31.25	21.05	29.41	3.04	33.29	63.68
2012	0.20	3.20	5.50	−4.76	39.13	25.00	2.25	35.96	61.80
2013	0.28	3.50	5.80	40.00	9.37	5.45	2.92	36.53	60.54
2014	0.35	3.90	6.40	25.00	11.43	10.34	3.29	36.62	60.09
2015	0.18	3.70	7.10	−48.57	−5.13	10.94	1.64	33.70	64.66

如表 3-18 所示，从各层次就业人口总比例来看，2009 年接受过高等教育的就业人口总比例相比上一年出现了下降，下降了 0.76 个百分点，其他年份就业人口总比例均逐年增加。最高值在 2015 年达到了 10.98 个百分点。

从各层次就业人口年增长率来看，三个层次均出现过负值。研究生层次就业人口比例在 2012 年和 2015 年均有所下降，其他年份均为正增长，2008 年增速最快。本科层次就业人口比例在 2009 年和 2015 年均有所下降，其他年份均逐年增长，2010 年增速最快，达到 100.00%。专科层次就业人口比例在 2008 年和 2009 年出现了下降，其他年份均有所增加。与本科相同，专科层次就业人口年增长率在 2010 年增幅达到最大。研究生层次、本科层次和专科层次就业人口年均增长率分别为 29.63%、16.77%、13.25%。

从高等教育各层次就业人口比例结构来看，研、本、专三个层次就业人口比例在各年份波动变化，研究生层次和本科层次总体呈增长趋势。研究生层次由 2007 年的 0.61% 增加到 2015 年的 1.64%，本科层次由 2007 年的 28.80% 增加到 2015 年的 33.70%。专科层次就业人口比例虽也波动变化，但总体呈下降趋势。四川省高等教育各层次就业人口比例结构由 2007 年的 0.61∶28.80∶70.60 变化为 2015 年的 1.64∶33.70∶64.66，说明专科层次就业人口始终是四川省高等教育就业人口的主体。

(三)小　结

我国接受过高等教育的就业人口总比例逐年增加，但不同省份间存在较大差异。以 2015 年为例，全国高等教育就业人口总比例为 16.05%，各省份可划分为三个不同类别：第一类为北京、天津、上海，分别为 55.87%、42.85%、34.15%，遥遥领先于平均水平；第二类为山西、浙江、内蒙古、新疆、辽宁、青海、江苏、山东、福建、陕西，比例高于全国平均水平但最高未超过 22%；其余省份的高等教育就业人口总比例低于全国平均水平，在 10%～16.05%。

各层次就业人口比例增速不同。2007—2015 年，各省份本科层次和专科层次就业人口比例年均增长率均为正值，说明这两个层次的就业人口比例总体呈逐年增加趋势。研究生层次就业人口比例年均增长率在浙江、江西、湖北 3 个省份为负值，依次为－3.02％、－2.20％、－0.57％，说明这一层次的就业人口比例在这3个省份出现了下降。除这3个省份外，其他27个省份研究生层次就业人口比例呈逐年增加趋势。

就业人口多为专科层次。尽管2007—2015年绝大多数省份研究生层次和本科层次的就业人口比例总体呈上升趋势，专科层次的就业人口比例总体呈下降趋势，但是绝大多数省份研究生层次和本科层次的就业人口比例始终没有超过专科层次的就业人口比例，专科层次始终是高等教育就业人口受教育程度的最重要组成部分。值得注意的是，北京和上海作为全国经济发达城市，其就业人口受教育程度呈现出了自身独有的特点。从2008年开始，北京本科层次就业人口比例结构超过专科，自此，专、本比之间的差距越来越大，2015年二者相差近20个百分点。研究生层次的就业人口比例为14.09％，远远超过其他省份。上海各层次就业人口比例结构在不同年份波动变化，以2015年为例，呈现出了与北京相同的发展特点，即本科层次比例结构超过了专科层次比例结构，本科层次成为劳动力市场中就业人口受教育程度最重要的组成部分。

三、高等教育人才培养层次结构与就业结构适应性分析

从高等教育人才培养层次结构与就业结构的关系来看，二者存在作用与反作用的关系；从其可控性维度分析，前者可以直接根据区域经济社会发展的需要不断调整和优化，因此高等教育人才培养层次结构属于可控因素，它的调整和优化必须考虑就业人口的受教育水平结构，而就业人口受教育水平结构的调整和变化又是在高等教育人才培养层次结构变化的基础上进行的。高等教育层次结构的调整和优化可以促进区域就业人口结构的优化，进而促进区域经济社会发展。

(一)适应性研究的维度与框架

高等教育人才培养层次结构与就业结构的适应性研究的实质是二者之间一种对应关系研究，属于评价性研究。评价性研究需首先明确评价标准及维度、评价框架及评价计算方法。

1. 适应性评价标准及评价维度

高等教育人才培养层次结构与就业结构适应性研究的对象包括全国及 31 个省份，其要素为全国及 31 个省份的高等教育人才培养层次结构与就业人口的受教育水平结构，诸多不同时段的对象与要素需要基于同一标准接受优劣判断，这就需要选择合适的标准值。标准值的选择主要有两种不同的方法：均值评价法，它属于相对评价，一般评价结果分为高于均值、低于均值和等于均值三类；固定值评价法，它是一种以指标的正负及指向程度为标准的评价方法，是一种程度评价。

对多区域、多年份的适应性指标进行优劣评价，一般需要从三个维度展开：适应性发展水平维度，它是适应性评价的基本维度，人们根据指标的正负判定指标的优劣，可直观反映指标的发展现状，若所有指标值均为正值，则与其均值进行比较，高于均值越多则评价结果越好；适应性发展趋势维度，它反映指标在某一时段内的增减变化情况，包括是否发生变化及变化的方向和周期，根据指标的正负判定指标的优劣，若指标值大于 0，则该指标呈优化趋向，若指标值小于 0，则该指标呈劣化趋向；适应性发展状态维度，它是根据指标在某一时段内的波动情况判断其稳定性程度，人们将指标值与均值进行比较，若低于均值，说明其波动较小，该指标的发展状态较稳定。

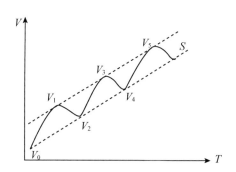

图 3-9　适应性评价的三个维度示意图

适应性评价的三个维度可用图 3-9 表示，从 V_0 到 V_5 表示某区域在 T 时段的水平指标值；$V_0 - V_1$，$V_1 - V_2$，…，$V_4 - V_5$ 表示某区域在 T 时段的趋势指标值；状态维度的指标值用两条虚线的间距 S 表示。

2. 适应性评价框架

表 3-19　适应性评价基本框架

		发展水平（A_l）			发展状态（A_s）
		高水平	低水平		
发展趋势（A_t）	优化	高水平稳定优化（Ⅰ）	低水平稳定优化（Ⅴ）	稳定	发展状态（A_s）
	优化	高水平不稳定优化（Ⅱ）	低水平不稳定优化（Ⅵ）	不稳定	
	恶化	高水平不稳定恶化（Ⅲ）	低水平不稳定恶化（Ⅶ）	不稳定	
	恶化	高水平稳定恶化（Ⅳ）	低水平稳定恶化（Ⅷ）	稳定	

以适应性评价维度为依据，构建适应性评价的基本框架。适应性发展水平用 A_l 表示，它分为高水平和低水平两种情况，用来量化高等教育人才培养层次结构与就业结构的适应性水平。适应性发展趋势用 A_t 表示，它分为优化和恶化两种情况，用来量化两种不同结构在未来时段内的发展趋势。适应性发展状态用 A_s 表示，它分为稳定和不稳定两种情况，用来量化高等教育人才培养层次结构与就业结构在某一时段内的稳定性程度（见表 3-19）。

如表 3-19 所示，可以将全国及 31 个省份划分为高水平稳定优化、高水平不稳定优化等八种不同的类型，并且这八种类型存在Ⅰ＞Ⅱ＞Ⅲ＞Ⅳ＞Ⅴ＞Ⅵ＞Ⅶ＞Ⅷ的价值判断。具体判断依据是适应性发展水平维度是适应性评价的基本维度，直观反映指标的发展状态，发展水平越高，适应性状态越好，所以存在所有高水平优于低水平的价值判断。一般来说，单从发展状态维度看，稳定发展优于不稳定发展；从发展趋势维度看，优化趋势优于恶化趋势。但是，发展状态与发展趋势是紧密相关的，需要将这两个维度结合起来讨论。如果发展呈优化趋势，则其稳定状态必然优于不稳定状态，所以有Ⅰ＞Ⅱ的价值判断；如果发展呈恶化趋势，则其不稳定状态优于稳定状态，所以有Ⅲ＞Ⅳ的价值判断。至于第Ⅱ和第Ⅲ类，当水平维度和状态维度同处于高水平和不稳定状态下时，发展趋势维度可以进行单方面的分析，即优化趋势必然优于恶化趋势，所以存在Ⅱ＞Ⅲ的价值判断。综上可以得出Ⅰ＞Ⅱ＞Ⅲ＞Ⅳ。同理可得Ⅴ＞Ⅵ＞Ⅶ＞Ⅷ。由于存在所有高水平优于低水平的前提条件，因此可推断出Ⅰ＞Ⅱ＞Ⅲ＞Ⅳ＞Ⅴ＞Ⅵ＞Ⅶ＞Ⅷ。总之，发展水平越高、发展状态越稳定、发展趋势优化的指标越好，说明该区域高等教育人才培养层次结构与就业结构的适应性越好。

3. 适应性评价计算方法

适应性发展水平是指高等教育研、本、专各层次的比例结构与就业人口的研、本、专受教育水平各层次结构的对应关系，适应性发展趋势是指高等教育研、本、专各层次的比例结构与就业人口的研、本、专受教育水平各层次结构在不同时段内的增减变化情况，适应性发展状态是指高等教育研、本、专各层次的比例结构与就业人口研、本、专受教育水平各层次结构的对应关系的波动状况。计算公式为：

$$A_l = \frac{1}{9} \sum_{i=1,n=1}^{9,3} \left(\frac{e_{in}}{p_{in}} - 1 \right) * e_{in} \qquad （Ⅰ）$$

$$A_t = \frac{1}{8} \sum_{i=1,n=1}^{9,3} \frac{\dfrac{e_{(i+1)n}}{p_{(i+1)n}} - \dfrac{e_{in}}{p_{in}}}{\dfrac{e_{in}}{p_{in}}} * e_{in} \qquad （Ⅱ）$$

$$A_s = \sum_{i=1,n=1}^{9,3} \left| \frac{e_{in}}{p_{in}} - \overline{\sum_{i=1,n=1}^{9,3}} \right| * e_{in} \qquad （Ⅲ）$$

上式中的 A_l、A_t、A_s 分别表示高等教育人才培养层次结构与就业结构的适应性发展水平评价值、适应性发展趋势评价值、适应性发展状态评价值。e_{in} 表示第 i 年第 n 类高等教育人才培养层次结构比例，p_{in} 表示第 i 年第 n 类就业人口受教育水平结构比例。i 从 1 取到 9，分别指代 2007—2015 年的数据，n 从 1 取到 3，分别指代研、本、专三个层次结构比例和就业人口受教育水平结构比例。

在（Ⅰ）式中，e_{in}/p_{in} 表示第 i 年第 n 类高等教育人才培养层次结构比例与第 i 年第 n 类就业人口受教育水平结构比例之间的对应关系，当 $n=1$ 时，i 从 1 取到 9，表示 2007—2015 年在研究生层次上两种结构比例之间的对应关系。同理，当 $n=2$ 或 $n=3$ 时，i 从 1 取到 9，分别表示在本科和专科层次上两种结构比例之间的对应关系。对 3 个层次、9 个年份的数据结果求和，最后再除以 9，计算出的是 9 年来两种结构比例对应关系的平均值。在（Ⅱ）式中，$\dfrac{e_{(i+1)n}}{p_{(i+1)n}}$ 表示在同一层次上下一年份两种结构比例之间的对应关系，$\dfrac{e_{(i+1)n}}{p_{(i+1)n}}-\dfrac{e_{in}}{p_{in}}$ 表示在同一层次上相邻年份两种结构比例对应关系的差值。二者之间的差值再除以上一年份两种结构比例之间对应关系的数值表示的是高等教育研究生、本科、专科各层次的比例结构与就业人口的研究生、本科、专科受教育水平结构在 2007—2015 年内存在的增减变化情况。在（Ⅲ）式中，$\sum\limits_{i=1,n=1}^{\overline{9,3}}\dfrac{e_{in}}{p_{in}}$ 表示的是高等教育研究生、本科、专科各层次的比例结构与就业人口研究生、本科、专科受教育水平各层次结构的对应关系在 9 年来的均值，各年份对应关系数值与均值求差反映的是这种对应关系在 2007—2015 年内变化轨迹的波动状况。

（二）高等教育招生层次结构与就业结构适应性分析

表 3-20　高等教育招生层次结构与就业结构适应性评价结果

地区	指标				地区	指标			
	结构类型（A）	发展水平（A_l）	发展趋势（A_t）	发展状态（A_s）		结构类型（A）	发展水平（A_l）	发展趋势（A_t）	发展状态（A_s）
全国	Ⅷ	0.0838	−0.0037	2.6252	河南	Ⅰ	0.2695	0.1434	4.3363
北京	Ⅳ	0.2062	−0.0112	4.2561	湖北	Ⅴ	0.1132	0.0103	3.5258
天津	Ⅴ	0.1207	0.0035	4.3671	湖南	Ⅴ	0.1008	0.0050	3.0593
河北	Ⅷ	0.0653	−0.0007	2.3041	广东	Ⅴ	0.0336	0.0028	1.7128
山西	Ⅰ	0.2560	0.2662	4.5837	广西	Ⅰ	0.2774	0.3262	4.8851
内蒙古	Ⅱ	0.2489	0.2783	5.5071	海南	Ⅷ	0.1115	−0.0008	3.0030

地区	指标				地区	指标			
	结构类型(A)	发展水平(A_l)	发展趋势(A_t)	发展状态(A_s)		结构类型(A)	发展水平(A_l)	发展趋势(A_t)	发展状态(A_s)
辽宁	Ⅲ	0.2548	−0.0017	6.6957	重庆	Ⅱ	0.3287	0.4574	8.9016
吉林	Ⅳ	0.2229	−0.0078	4.4071	四川	Ⅱ	0.4320	0.4283	8.9064
黑龙江	Ⅱ	0.4836	0.3047	9.1238	贵州	Ⅱ	0.3700	0.4518	11.8089
上海	Ⅱ	0.2743	0.0049	5.6899	云南	Ⅰ	0.2113	0.1665	4.5840
江苏	Ⅴ	0.1598	0.0004	3.5141	西藏	/	/	/	/
浙江	Ⅴ	0.0410	0.0055	1.9519	陕西	Ⅰ	0.2052	0.0016	4.2167
安徽	Ⅴ	0.1218	0.0013	4.0759	甘肃	Ⅲ	0.2483	−0.0222	5.6113
福建	Ⅴ	0.1231	0.0156	4.3348	青海	Ⅲ	0.2205	−0.0082	5.6215
江西	Ⅰ	0.2334	0.2016	3.5778	宁夏	Ⅱ	0.2485	0.2355	6.1642
山东	Ⅷ	0.0577	−0.0042	2.5076	新疆	Ⅵ	0.1391	0.0079	5.9872

注：不含香港、澳门、台湾地区的数据。

1. 适应性发展水平分析

如表 3-20 所示，全国适应性发展水平的指标值为 0.0838，低于全国适应性发展水平的平均值(0.2020)。从整体来看，我国高等教育各招生层次结构与全国人口就业结构的需求适应性较差，这表明 2007—2015 年我国层次性失业特征明显。

从各省份格局看，贵州、黑龙江、北京、青海、四川、上海、山西、甘肃、重庆、江西、内蒙古、广西、河南、陕西、辽宁、云南、吉林、宁夏共 18 个省份的指标值高于平均值，说明这 18 个省份的高等教育招生层次结构与人口就业结构之间的适应性较好，在层次结构方面失业特征不明显。广东、天津、湖南、河北、江苏、湖北、浙江、山东、安徽、福建、海南和新疆 12 个省份的指标值低于平均值，说明这 12 个省份两种不同结构之间的适应性较差，层次性失业特征明显。

2. 适应性发展趋势分析

2007—2015 年，全国适应性发展趋势的指标值为 −0.0037，小于 0，呈现负增长趋势。这说明全国高等教育招生层次结构不能与人口就业结构适应，高等教育层次结构不合理。这种情况如果不加以调控，那么两者之间的"内—外"部矛盾将持续增加。

从各省份格局看，上海、广西、陕西、天津、江苏、广东、云南、山西、浙江、湖南、贵州、内蒙古、安徽、湖北、四川、福建、江西、黑龙江、重庆、河南、宁夏和新疆22个省份的指标值均为正值，说明这22个省份高等教育人才培养层次结构能够与就业结构适应性较好，高等教育层次结构合理。海南、北京、山东、河北、吉林、辽宁、甘肃和青海8个省份的指标值均小于0，说明这8个省份高等教育层次结构不合理，而且呈现出恶化趋势。

3. 适应性发展状态分析

全国适应性发展状态的平均值为4.9740，全国适应性发展状态的指标值为2.6252，低于平均值，说明从整体情况来看，两种结构之间适应性波动较小，比较稳定和常态化。

从各省份格局来看，指标值大于全国平均值的省份有重庆、宁夏、青海、内蒙古、甘肃、辽宁、新疆、贵州、黑龙江、四川、上海，说明这11个省份高等教育人才培养层次结构正处于高速率的调整阶段，与就业结构的适应性波动较大，极不稳定。北京、天津、河北、山西、吉林、江苏、浙江、安徽、福建、江西、山东、河南、湖北、湖南、广东、广西、海南，云南、陕西19个省份的指标值均低于全国平均值，这说明这些省份的适应性波动较小，比较稳定。

30个省份(除西藏)可以划分为7种类型(无任何省域属于第Ⅶ类)：属于第Ⅰ类(高水平稳定优化)的有陕西、广西、山西、河南、江西、云南，属于第Ⅱ类(高水平不稳定优化)的有内蒙古、黑龙江、上海、重庆、四川、贵州、宁夏，属于第Ⅲ类(高水平不稳定恶化)的有辽宁、甘肃、青海，属于第Ⅳ类(高水平稳定恶化)的有北京、吉林，属于第Ⅴ类(低水平稳定优化)的有湖南、天津、湖北、江苏、福建、浙江、安徽、广东，属于第Ⅵ类(低水平不稳定优化)的有新疆；属于第Ⅷ类(低水平稳定恶化)的有河北、山东、海南；全国整体水平属于第Ⅷ类(低水平稳定恶化)。

以招生数为衡量指标，全国整体水平处于低水平稳定恶化状态，这说明我国高等教育人才培养层次结构不能主动适应就业结构，高等教育人才培养层次结构不合理，层次性失业特征明显，这种低水平适应性状态呈进一步恶化趋势，并且适应性差的状态会长期稳定存在。从全国高等教育各层次人才培养情况与全国就业结构情况看，专科层次招生规模在不同年份波动变化，但专科层次就业人口比例逐年增加，二者之间不能很好地对应起来；本科层次教育是全国高等教育快速发展的重心，在各层次在校生数中占比始终最高。然而，从就业人口比例结构看，专科层次就业人口却始终是高等教育就业人口的主体，在三个层次中的比重始终超过55％，占绝对优势。从这里也可以发现，我国高等教育人才培养层次结构与就业结构适应性状态较差。如果不加以调整，这种状态将持续恶化。

北京、上海高等教育人才培养层次结构与就业结构之间的适应性处于高水平状态，这从两种不同结构之间的现状可以发现原因。从高等教育各层次人才培养情况看，这两个区域的本科和专科层次的招生规模逐年缩小，研究生规模逐年扩大，且在三个层次中增速最快，本科层次占比超过了专科层次占比；从就业情况看，研究生层次就业人口比例逐年增加，高等教育就业人口总比例远远超过其他省份，且本科层次是劳动力市场中就业人口受教育程度最重要的组成部分，占比最高。这说明从招生情况看，北京、上海高等教育人才培养层次结构能够主动适应其就业结构，二者能够较好地对应起来。

（三）高等教育在校生层次结构与就业结构适应性分析

表 3-21　高等教育在校生层次结构与就业结构适应性评价结果

地区	指标				地区	指标			
	结构类型(A)	发展水平(A_l)	发展趋势(A_t)	发展状态(A_s)		结构类型(A)	发展水平(A_l)	发展趋势(A_t)	发展状态(A_s)
全国	Ⅷ	0.1407	−0.0056	3.2556	河南	Ⅱ	0.3580	0.1300	5.3563
北京	Ⅷ	0.1935	−0.0128	2.9254	湖北	Ⅴ	0.1732	0.0082	3.5520
天津	Ⅴ	0.1423	0.0032	2.9663	湖南	Ⅴ	0.1831	0.0058	3.9618
河北	Ⅷ	0.1079	−0.0025	2.9848	广东	Ⅴ	0.0839	0.0021	2.6964
山西	Ⅰ	0.3038	0.2614	4.3489	广西	Ⅵ	0.0093	0.3147	5.1885
内蒙古	Ⅱ	0.3281	0.2447	5.1624	海南	Ⅷ	0.1707	−0.0037	3.8496

续表

地区	指标				地区	指标			
	结构类型(A)	发展水平(A_t)	发展趋势(A_t)	发展状态(A_s)		结构类型(A)	发展水平(A_t)	发展趋势(A_t)	发展状态(A_s)
辽宁	IV	0.3128	−0.0053	4.5820	重庆	II	0.4200	0.4411	8.2201
吉林	IV	0.3351	−0.0125	3.9883	四川	II	0.5266	0.4309	8.7783
黑龙江	II	0.5912	0.2735	7.9553	贵州	II	0.4468	0.3842	9.8572
上海	V	0.2501	0.0025	3.7896	云南	I	0.2670	0.1461	4.2953
江苏	VIII	0.1810	−0.0008	3.6285	西藏	/	/	/	/
浙江	V	0.0804	0.0016	2.3910	陕西	I	0.2771	0.0015	4.3564
安徽	VIII	0.1763	−0.0022	3.9329	甘肃	III	0.3162	−0.0275	4.8454
福建	V	0.1806	0.0115	3.8711	青海	IV	0.3001	−0.0132	4.4487
江西	I	0.2985	0.1847	4.4557	宁夏	II	0.3048	0.2160	5.0862
山东	VIII	0.1090	−0.0060	2.9936	新疆	V	0.2089	0.0072	4.5130

注：不含香港、澳门、台湾地区的数据。

1. 适应性发展水平分析

如表 3-21 所示，2007—2015 年，全国适应性发展水平的指标值为 0.1407，低于全国适应性发展水平的平均值（0.2545），说明我国高等教育在校生层次结构与就业结构的需求适应性较差，存在明显的层次性失业特征。

从各省份格局看，江西、重庆、青海、山西、河南、甘肃、陕西、辽宁、内蒙古、云南、吉林、贵州、宁夏、黑龙江、四川 15 个省份的指标值高于全国平均值，这说明 9 年来，这 15 个省（自治区、直辖市）高等教育人才培养层次结构能够与区域人口就业结构较好地适应，区域内不存在明显的层次结构性失业特征。广西、北京、广东、天津、湖南、河北、湖北、上海、山东、江苏、福建、浙江、安徽、海南和新疆 15 个省份的层次性失业特征较为明显，高等教育人才培养层次结构与区域人口就业结构之间的适应性较差。

2. 适应性发展趋势分析

全国适应性发展趋势的指标值为−0.0056，呈现负增长趋势。这说明全国高等教育人才培养层次结构不能与人口就业结构适应，高等教育层次结构不合理。如果不加以调控这种情况，那么两者之间的"内—外"部矛盾将持续增加。

从各省份格局看，上海、重庆、宁夏、天津、浙江、广西、陕西、山西、福建、广东、云南、内蒙古、江西、湖南、贵州、黑龙江、河南、湖北、四川、新疆20个省份的指标值均为正值，这说明这20个省份的人才培养层次结构能够与区域人口就业结构适应，高等教育层次结构趋向合理。相反，甘肃、北京、海南、河北、山东、辽宁、安徽、吉林、江苏和青海10个省份的指标值均小于0，这说明这10个省份高等教育层次结构不合理，并且呈现出恶化趋势。

3. 适应性发展状态分析

全国适应性发展状态的平均值为4.6327，而全国适应性发展状态的指标值为3.2556，低于各地区均值，说明从整体情况看，我国两种不同结构之间的适应性波动较小，比较稳定和常态化。

从各省份格局看，2007—2015年，指标值高于各地区平均值的省域有：贵州、内蒙古、四川、黑龙江、重庆、河南、甘肃、广西和宁夏，这说明这9个省份的高等教育人才培养层次结构正处于高速率调整阶段，它与就业结构之间的适应性波动较大，极不稳定。相反，青海、北京、陕西、天津、云南、河北、海南、山西、广东、辽宁、湖南、吉林、湖北、上海、山东、江苏、江西、浙江、福建、安徽、新疆共21个省份的指标值均低于各地区平均值，这说明上述省份两种不同结构之间的适应性波动较小，较为稳定。

30个省份(除西藏)可以划分为7种不同的结构类型(无任何省域属于第Ⅶ类)：属于第Ⅰ类(高水平稳定优化)的有陕西、云南、山西、江西，属于第Ⅱ类(高水平不稳定优化)的有贵州、内蒙古、四川、黑龙江、重庆、河南、宁夏，属于第Ⅲ类(高水平不稳定恶化)的有甘肃，属于第Ⅳ类(高水平稳定恶化)的有辽宁、吉林、青海，属于第Ⅴ类(低水平稳定优化)的有湖北、浙江、广东、福建、天津、新疆、湖南、上海，属于第Ⅵ类(低水平不稳定优化)的有广西，属于第Ⅷ类(低水平稳定恶化)的有山东、北京、安徽、河北、江苏、海南，全国整体水平属于第Ⅷ类(低水平稳定恶化)状态。

以在校生为衡量指标，与以招生数为衡量指标的结果一致，人才培养层次结构与就业结构的适应性状态较差。

陕西、江西、黑龙江、河南、辽宁、四川、重庆、吉林、贵州、云南、甘肃、青海、内蒙古高等教育人才培养层次结构与就业结构的适应性处于"高水平"状态；陕西和江西虽然区域基础条件差，但高等教育要素发展水平较高，适应性状态好。[①] 通过分析高等教育各层次人才培养与就业现状，可以发现，上述省份的本科和专科层次教育发展速度较快，且这两个层次的就业人口比例增速也较快，高等教育层次结构较为合理，因此二者之间适应性状态较好。

(四)招生适应性结构类型与在校生适应性结构类型比较分析

招生数与在校生数属于不同的高等教育人才培养层次结构衡量指标，高等教育招生层次结构与在校生层次结构统计结果存在差异，故其计算出的适应性状态可能也存在差异。

表 3-22　全国及各省份招生适应性结构类型与在校生适应性结构类型比较

	招生适应性结构类型	在校生适应性结构类型		招生适应性结构类型	在校生适应性结构类型
全国	Ⅷ	Ⅷ	河南	Ⅰ	Ⅱ
北京	Ⅳ	Ⅷ	湖北	Ⅴ	Ⅴ
天津	Ⅴ	Ⅴ	湖南	Ⅴ	Ⅴ
河北	Ⅷ	Ⅷ	广东	Ⅴ	Ⅴ
山西	Ⅰ	Ⅰ	广西	Ⅰ	Ⅵ
内蒙古	Ⅱ	Ⅱ	海南	Ⅷ	Ⅷ
辽宁	Ⅲ	Ⅳ	重庆	Ⅱ	Ⅱ
吉林	Ⅳ	Ⅳ	四川	Ⅱ	Ⅱ
黑龙江	Ⅱ	Ⅱ	贵州	Ⅱ	Ⅱ
上海	Ⅱ	Ⅴ	云南	Ⅰ	Ⅰ
江苏	Ⅴ	Ⅷ	西藏	/	/
浙江	Ⅴ	Ⅴ	陕西	Ⅰ	Ⅰ
安徽	Ⅴ	Ⅷ	甘肃	Ⅲ	Ⅲ
福建	Ⅴ	Ⅴ	青海	Ⅲ	Ⅳ

---

①　刘六生、姚辉、温爱花：《我国各省区高等教育结构适应性评价研究》，载《教育发展研究》，2016(17)。

	招生适应性结构类型	在校生适应性结构类型		招生适应性结构类型	在校生适应性结构类型
江西	Ⅰ	Ⅰ	宁夏	Ⅱ	Ⅱ
山东	Ⅷ	Ⅷ	新疆	Ⅵ	Ⅴ

注：不含香港、澳门、台湾地区的数据。

1. 绝大多数省份招生适应性结构类型与在校生适应性结构类型相同

如表 3-22 所示，甘肃、天津、陕西、河北、云南、浙江、广东、山西、贵州、福建、湖南、内蒙古、重庆、江西、湖北、吉林、四川、山东、宁夏、黑龙江、海南 21 个省份的招生适应性结构类型与在校生适应性结构类型相同，这说明绝大多数省份适应性状态具有稳定性，无论从流量指标看，还是从存量指标看，招生适应性结构类型与在校生适应性结构类型的契合度非常高。

2. 少部分省份招生适应性结构类型与在校生适应性结构类型存在差异且前者优于后者

高等教育招生适应性结构类型与在校生适应性结构类型存在差异的有北京、青海、辽宁、广西、上海、河南、江苏、安徽、新疆这 9 个省份。这在一定程度上表明，这些省份高等教育人才培养层次结构与就业结构适应性状态和所采用的衡量指标有极大的关系，从流量指标和存量指标的角度看，二者之间的适应性状态各不相同。然而，通过仔细观察发现，虽然这些省份招生适应性结构类型与在校生适应性结构类型存在差异，但异中有同，除了新疆，其他各省份招生适应性结构类型优于在校生适应性结构类型。

适应性发展水平直观反映两种不同结构之间的适应性发展现状，是适应性评价的基本维度。如果从适应性发展水平看，北京、青海、辽宁、广西、上海、河南、江苏、安徽、新疆 9 个省份的适应性结构类型可以分为两种不同的类别。第一类：河南、辽宁、青海、江苏、安徽、新疆 6 个省（自治区）的招生适应性结构类型与在校生适应结构类型存在差异，但其适应性发展水平相同。无论从招生情况还是从在校生情况看，河南、辽宁、青海 3 个省份的适应性都处于"高水平"状态：河南招生适应性结构类型和在校生适应性结构类型分别属于Ⅰ类和

Ⅱ类；辽宁和青海招生适应性结构类型都属于Ⅲ类，在校生适应性结构类型都属于Ⅳ类。江苏和安徽的适应性都处于低水平状态：其招生适应性结构类型都属于Ⅴ类，在校生适应性结构类型都属于Ⅷ类。新疆招生适应性结构类型属于Ⅵ类，在校生适应性结构类型属于Ⅴ类，其适应性都处于低水平状态。第二类：北京、上海、广西这3个省份的招生适应性结构类型与在校生适应性结构类型存在差异，且在各省份内部比较发现，其适应性发展水平各不相同。北京招生适应性结构类型和在校生适应性结构类型分别属于Ⅳ类和Ⅷ类，上海招生适应性结构类型和在校生适应性结构类型分别属于Ⅱ类和Ⅴ类，广西招生适应性结构类型和在校生适应性结构类型分别属于Ⅰ类和Ⅵ类。3个省份的招生适应性处于高水平状态，在校生适应性处于"低水平"状态。

以适应性评价基本框架为依据，各种结构类型存在"Ⅰ＞Ⅱ＞Ⅲ＞Ⅳ＞Ⅴ＞Ⅵ＞Ⅶ＞Ⅷ"的价值判断。从适应性结构类型看，我们发现，各省份(除新疆外)招生适应性结构类型优于在校生适应性结构类型。这一结论不难理解，从国家政策引导角度看，即以招生数为衡量指标，高等教育人才培养层次结构与就业结构之间的适应性状态较好，区域层次性失业特征不明显。以招生数衡量的结构类型优于以在校生数衡量的结构类型，说明动态在一直优化存量。具体来讲，招生数作为流量指标，是动态的，2007—2015年，招生层次结构一直在优化在校生层次结构。

(五)东、中、西部地区适应性结构类型比较分析

1. 中、西部地区适应性结构类型优于东部地区

表3-23 东、中、西部地区适应性结构类型比较

	省份	招生适应性结构类型	在校生适应性结构类型
东部	北京	Ⅳ	Ⅷ
	天津	Ⅴ	Ⅴ
	河北	Ⅷ	Ⅷ
	辽宁	Ⅲ	Ⅳ
	上海	Ⅱ	Ⅴ
	江苏	Ⅴ	Ⅷ
	浙江	Ⅴ	Ⅴ

续表

	省份	招生适应性结构类型	在校生适应性结构类型
东部	福建	V	V
	山东	Ⅷ	Ⅷ
	广东	V	V
	海南	Ⅷ	Ⅷ
中部	山西	I	I
	吉林	IV	IV
	黑龙江	II	II
	安徽	V	Ⅷ
	江西	I	I
	河南	I	II
	湖北	V	V
	湖南	V	V
西部	四川	II	II
	重庆	II	II
	贵州	II	II
	云南	I	I
	西藏	/	/
	陕西	I	I
	甘肃	III	III
	青海	III	IV
	宁夏	II	II
	新疆	VI	V
	广西	I	VI
	内蒙古	II	II

注：不含香港、澳门、台湾地区的数据。

由表 3-23 可知，从总体来看中、西部地区适应性状态较好，东部地区适应性状态较差。东部地区高等教育整体实力雄厚，高等院校数量多，培养的高层次人才多，以本科层次和研究生层次为主；此外，大量高素质、高学历的中、西部地区人才流入东部地区，因此，东部地区整体呈现出了高学历人才"供＞求"的情况，高等教育人才培养层次结构不能主动适应就业结构的变化。相反，中、西部地区经济发展较缓慢，人才需求量不大，高等院校数量较少，培养的高层次人才也较少，而且存在人才外流的情况，供需之间相对均衡，适应性状态较好。

2. 各地区适应性结构状态空间格局呈"西北—东南"递减

通过对东、中、西部地区适应性结构类型进行比较，可以发现，陕西、甘肃、青海、宁夏等西北地区的适应性都处于高水平状态，高等教育层次结构趋向合理，人才培养结构能主动适应区域人口就业结构的需求，区域层次性失业特征不明显；湖北、安徽、江苏、海南、浙江、广东、福建、山东、湖南等东南地区的适应性都处于低水平状态，高等教育层次结构不合理，人才培养结构不能主动适应区域人口就业结构的需求，区域层次性失业特征明显。各地区适应性结构状态空间格局呈"西北—东南"递减。然而，我国经济发展水平空间格局却呈"东南—西北"递减，说明两者之间是相悖的。

从各区域现有经济发展水平来看，目前，我国经济发展尚处于战略调整阶段，其调整趋势是积极发展第三产业，继续改造第二产业，巩固加强第一产业，充分、合理协调三大产业。区域高等教育可以通过对它所培养的不同层次人才供给结构的优化，为区域经济的发展提供动力和保障。

四、小 结

(一)遵循供给侧结构性改革规律，注重供需内部结构改革

在我国社会总供给失衡、经济结构性失衡的背景下，2015 年，习近平总书记重申了"要进行供给侧结构性改革"；2017 年，这一改革内容被写入党的十九大党章。在当前形势下，我们要遵循供给侧结构性改革规律，对社会供给内部结构进行改革，使它能主动适应需求的内部结构，进而推进供给和需求的战略性调整。只有当供给结构、需求结构内部保持平衡后，总供给与总需求的动态平衡才能真正实现。此外，在供给侧结构性改革过程中，要以马克思供需理论为指导，做到供给侧与需求侧同时发力，注重供给调节与需求调节的功能互补。

一方面，要注重提升有效供给的能力，改善供给结构；另一方面，要在社会的有效需求方面着力，注重对有效需求的引导。[①]

高等教育领域也需要遵循供给侧结构性改革规律，不断调整和优化内部结构。高等教育作为人力资源的供给方，只有对内部结构进行改革，保证内部各层次、各要素之间的动态平衡，才能主动适应需求的内部结构。因此，为了使高等教育人才培养层次结构主动适应人口就业结构，必须首先进行高等教育人才培养层次结构改革，提升有效供给的能力，使高等教育层次符合"金字塔"结构；此外，也需要进行就业结构改革，引导社会各用人单位明确自己的用人需求，不能"唯学历是用"。在高等教育供给内部结构与劳动力市场需求内部结构不断进行调整和改革，并且双方共同发力的情况下，高等教育层次结构性失衡的状况必然有所缓解。

(二)因地制宜，依症定策

高等教育结构优化需要保证其结构内部诸要素之间的相互协调，同时保证该系统在变动的环境中依然能够与其环境保持平衡。各地区有着不同的区域特性，这种区域特性正是高等教育人才培养层次结构、就业结构及适应性结构类型存在显著差异的主要原因。这种区域特性表现为不对等的教育发展条件、迥异的教育内容，也表现为不均衡的教育投入、倾斜的教育政策，还表现为多样的教育文化及丰富多彩的教育形式等。也正是这些差异性因素的存在，才导致各地区之间，东部、中部、西部之间高等教育人才培养层次结构、就业结构及适应性结构类型的差异。同时，这些差异性因素的存在也为制定各地区高等教育结构优化政策提供了依据。

我国 31 个省份及东、中、西部地区高等教育人才培养层次结构、就业结构及二者之间的适应性状态都存在差异，因此，在进行高等教育结构改革的过程中，只有在尊重这种差异的基础上因地制宜，依症定策，不断调控各地区高等教育内部各要素与外部发展条件之间的适应性落差，根据我国发展的实际情况

---

① 李常、李变花：《马克思供需理论对供给侧结构性改革的启示》，载《闽南师范大学学报(哲学社会科学版)》，2017(4)。

及各地区特殊情况制定符合地区特色的、合理的、科学的高等教育人才培养层次结构政策和人口就业结构政策，才能不断提高高等教育人才培养层次结构与人口就业结构之间的适应性水平。

第三节　我国高等教育中的研究生结构对科研产出的影响研究

研究生教育位于国民教育的顶端，承担着培养高层次人才、创造高水平科研成果和提供高水平社会服务的重任，对我国高等教育事业的发展有着重要的影响。在高校中，研究生是科研任务的重要承担者，是高校科研成果的重大贡献者和国家科技创新的重要力量。

一、一流大学建设高校的研究生结构及科研产出情况

（一）研究生结构

研究生可以分为硕士生、博士生两类。其中硕士生教育承担着既为博士生教育输送合格生源，又为社会培养各类高层次专门人才的任务；博士生教育以培养教学、科研方面的高层次创新性人才为主。此外，博士生不仅应掌握宽广的基础理论还应能够创造性地从事科研工作，具有主持较大型科研、技术开发项目等能力。

表 3-24　一流大学建设高校研究生数量及占比

年份	2006	2007	2008	2009	2010	2011
硕士在校生	301463	303602	312650	449240	362204	383562
博士在校生	117014	123137	130242	132488	137945	143678
硕士生占比	25.52%	25.47%	25.90%	33.29%	28.50%	29.43%
博士生占比	9.90%	10.33%	10.79%	9.82%	10.85%	11.03%
年份	2012	2013	2014	2015	2016	
硕士在校生	389860	399463	401850	412615	423971	

续表

年份	2012	2013	2014	2015	2016	
博士在校生	150207	156894	162624	168718	175675	
硕士生占比	29.55%	29.82%	29.83%	30.31%	30.73%	
博士生占比	11.38%	11.71%	12.07%	12.39%	12.73%	

从一流大学建设高校①研究生的绝对数量来看(见表 3-24),硕士在校生由 2006 年的 301463 人增长到 2016 年的 423971 人,增幅为 40.6%,博士在校学生由 2006 年的 117014 人增长到 2016 年的 175675 人,增幅为 50.1%。硕士在校生与博士在校生基本保持逐年增长的趋势,其中硕士在校生数在 2009 年出现猛增,之后有所下降。博士在校生的增幅大于硕士。从数量对比来看,硕士平均在校生数为 376407 人,博士平均在校生数为 145329 人,硕士平均在校生数约为博士的 2.6 倍,并且由于受到研究生扩招相关政策的影响,2009 年,硕士在校生达到了 449240 人,比 2008 年增长 43.7%,增幅较大。由以上可知,一流大学建设高校研究生规模不断扩大。

从硕士生和博士生的相对比例来看,两者都基本保持了稳定增长的趋势。其中硕士生占比在 2009 年波动较大,占比达到了历年最高,为 33.29%,比 2008 年高出 7.39 个百分点,博士生占比在 2009 年出现小幅下降,为 9.82%,比 2008 年降低 0.97 个百分点。从整体来看,一流大学建设高校的硕士生占比保持在 29% 左右,博士生占比保持在 11% 左右,两者加起来占比将近在校学生总数的一半。一流大学建设高校的研究生队伍庞大,研究生教育发展较快。

(二)科研产出情况

科研产出具体包括专著、国内期刊论文和国外期刊论文。专著是指针对某一领域加以研究所形成的专门著作,是学者重要科学研究成果的体现,具有较高的学术参考价值。国内期刊论文和国外期刊论文是指发表在国内期刊和国际

① 本节所用一流大学建设高校的数据来源于北京师范大学教育学部在 2018 年 10 月对相关高校进行的调查,其中中央民族大学、国防科技大学、郑州大学、云南大学和新疆大学 5 所高校的数据缺失,未纳入分析。

期刊上的论文，其中国外期刊论文是国际学术发表能力的重要指标，在建设世界一流大学的过程中，更需要重视国外期刊论文的发表。

表 3-25　一流大学建设高校科研产出情况（1）

年份	2006	2007	2008	2009	2010	2011
专著	4424	4169	4357	4120	4062	4111
年份	2012	2013	2014	2015	2016	
专著	3995	4203.	4196	4378	4141	

在科研产出中，专著发表数呈现波动的趋势（见表 3-25），在 2006—2012 年波动下降，2012 年降到最低，为 3995 部，而后有所增加，2016 年为 4141 部，年均发表维持在 4196 部左右。国内和国外的期刊论文发表量都呈现出了上升的趋势（见表 3-26），国内期刊论文发表量从 2006 年的 196004 篇增加到 2016 年的 281688 篇，年均增长率为 3.69％，国外期刊论文发表量由 2006 年的 49061 篇增加到 2016 年的 148991 篇，年均增长率为 11.75％，国外期刊论文发表量的增长速度快于国内期刊，说明一流大学建设高校在不断提升学校的国际学术发表能力，不断向世界一流大学行列迈进。从总体发表量来看，国内期刊论文年均发表量为 239855 篇，是国外期刊论文年均发表量（91438 篇）的 2.6 倍左右，在论文发表上，仍然是国内期刊论文发表居多。

表 3-26　一流大学建设高校科研产出情况（2）

年份	2006	2007	2008	2009	2010	2011
国内期刊论文	196004	208969	227749	230850	241825	243167
国外期刊论文	49061	57091	69513	73615	82587	90474
年份	2012	2013	2014	2015	2016	
国内期刊论文	239046	244865	251685	272556	281688	
国外期刊论文	90002	102731	111510	130246	148991	

从研究生结构与科研产出的变动趋势来看，随着研究生占比不断增长，同期科研产出成果也在不断增加。但仅通过趋势的对比不能证明二者之间一定存在联系，且一流大学建设高校内部差距较大，因此，需要构建实证模型对二者之间的关系进行解释分析。

二、研究生结构对科研产出影响的模型构建与分析

(一)模型构建①

$$\ln Y_{it} = \beta_0 + \beta_1 Lnmaster\_pro_{it} + \beta_2 \ln doctor\_pro_{it} + \ln T_{it} + u_{it}$$

其中,因变量 Y_{it} 包括专著(Monograph)、国内期刊论文(Domestic_paper)和国外期刊论文(Foreign_paper), $Monograph_{it}$ 代表第 i 个大学第 t 年的专著数, $Domestic\_paper_{it}$ 代表第 i 个大学第 t 年的国内期刊论文发表量, $Foreign\_paper_{it}$ 代表第 i 个大学第 t 年的国外期刊论文发表量。自变量 $master\_pro_{it}$ 代表第 i 个大学第 t 年的硕士生占比, $doctor\_pro_{it}$ 代表第 i 个大学第 t 年的博士生占比。

由于科研产出受到人、财、物的影响②,因此模型中还加入了一些控制变量。 T_{it}: $teacher_{it}$ 代表第 i 个大学第 t 年的专任教师数, $assets_{it}$ 代表第 i 个大学第 t 年的固定资产金额, $books_{it}$ 代表第 i 个大学第 t 年的图书册, $expenditure_{it}$ 代表第 i 个大学第 t 年的教育经费总支出, u_{it} 代表随机误差项。

(二)描述性统计

表 3-27　各变量描述性统计

变量类型	变量名称	符号	单位	样本量	均值	标准差	极小值	极大值
因变量	专著	monograph	部	407	113.405	74.673	2	420
	国内期刊论文	domestic_paper	篇	407	6482.565	3241.133	2219	17162
	国外期刊论文	foreign_paper	篇	407	2471.305	1756.350	139	8920

---

①　采用面板数据回归分析中可以控制高校个体的固定效应模型,为使异方差减小到最低,对选取的变量进行对数化处理,取对数不改变原来变量互动关系和协整关系,且可以使趋势线性化。同时,将各类价值根据 CPI 指数进行了通货膨胀调整,均以 2006 年的价格进行表示。

②　哈巍、于佳鑫:《辅助人员对科研生产力的影响——以中国科学院为例》,载《华东师范大学学报(教育科学版)》,2019(1)。

变量类型	变量名称	符号	单位	样本量	均值	标准差	极小值	极大值
自变量	硕士生占比	master_pro	无	407	0.297	0.062	0.16	0.5
	博士生占比	doctor_pro	无	407	0.115	0.045	0.05	0.29
控制变量	专任教师数	teacher	人	407	2568.671	820.387	1098	6399
	图书册	books	万册	407	434.140	157.902	149	982
	固定资产金额	assets	百万元	407	427602.808	227242.456	89251	1784728
	教育经费总支出	expenditure	百万元	407	298603.951	180106.500	58710	1343211

如表 3-27 所示，在科研产出情况上，专著发表数的极小值为 2 部，极大值为 420 部，均值为 113.405 部，国内期刊论文和国外期刊论文发表数的极小值分别为 2219 篇和 139 篇，极大值分别为 17162 篇和 8920 篇，极小值和极大值的差距和其标准差都很大，表明一流大学建设高校在不同年份的科研产出上存在差距，国内期刊论文发表数明显高于国外期刊论文发表数。

硕士生占比的极小值和极大值分别为 0.16 和 0.5，博士生占比的极小值和极大值分别为 0.05 和 0.29，表明在研究生层次中，硕士生居多，并且不同高校的硕士层次和博士层次占比有所差异。有些高校的博士生比例为 5%，占比较低，有些高校的硕士生占比为 50%，达到了学校学生人数的一半。除此之外，从极小值和极大值可以看出，一流大学建设高校大学内部在硕士层次和博士层次上明显不同，研究生结构呈现出差异性。

(三)回归分析①

如表 3-25 所示，在关于研究生占比对专著发表数的影响上，模型(1)为硕士生占比和博士生占比对专著发表数的影响，模型(2)在模型(1)的基础上加入了

---

① 利用 Stata 13.0 计量软件分析研究生结构对科研产出的影响，来检验研究生结构对科研产出的影响程度。

控制变量。由结果可知，在模型(1)中，硕士生占比对专著发表没有显著影响，博士生占比对专著发表有着显著正向影响，博士生占比每提高1个百分点，专著发表数提高0.35个百分点，由此可知博士生占比的提高可以促进高校专著发表量的增加。在加入控制变量后，由模型(2)可知，硕士生占比和博士生占比对专著发表数没有显著性的影响，其中博士生占比对专著发表数虽然有正向影响，但并不显著。在控制变量中，专任教师数、固定资产金额、图书册和教育经费总支出与专著发表数量之间不具有统计显著性，即对专著发表数量没有显著影响。

表 3-28 研究生结构对科研产出的影响

被解释变量	专著发表数 Ln (Monograph)		国内期刊论文发表数 Ln (Domestic _ paper)		国外期刊论文发表数 Ln (Foreign _ pape)	
	(1)	(2)	(3)	(4)	(5)	(6)
硕士生占比 ln(master _ pro)	−0.255	−0.310	0.433***	0.270***	1.478***	0.666***
	(0.166)	(0.193)	(0.093)	(0.105)	(0.174)	(0.179)
博士生占比 ln(doctor _ pro)	0.350**	0.232	0.656***	0.391***	2.162***	0.871***
	(0.169)	(0.228)	(0.094)	(0.124)	(0.177)	(0.211)
专任教师数 ln(teacher)		0.103		0.436***		1.059***
		(0.203)		(0.110)		(0.188)
固定资产金额 ln(assets)		0.129		0.066		0.254*
		(0.109)		(0.059)		(0.100)
图书册 ln(books)		0.092		−0.045		−0.012
		(0.196)		(0.106)		(0.181)
教育经费总支出 ln(expenditure)		−0.096		0.002		0.232***
		(0.084)		(0.046)		(0.078)
常数项	4.945	2.953	10.669	6.177	14.193	−1.797
	(0.390)	(2.060)	(0.218)	(1.119)	(0.409)	(1.908)
观测值	407	407	407	407	407	407
R^2	0.015	0.022	0.193	0.240	0.430	0.558
F 统计量	2.77	1.35	43.95	19.18	138.51	76.46
F 统计量的 P 值	0.064	0.235	0.000	0.000	0.000	0.000

注：模型(2)(4)(6)分别在模型(1)(3)(5)的基础上加入了控制变量。*、**、*** 分别表示 0.1、0.05、0.01 的显著性水平，括号内为标准差。

　　在关于研究生占比对国内期刊论文发表数的影响上，由模型(3)可知，硕士生占比和博士生占比对国内期刊论文发表数的影响在 0.01 的显著性水平下显著。其中，硕士生占比每提高 1 个百分点，国内期刊论文发表数提高 0.433 个百分点；博士生占比每提高 1 个百分点，国内期刊论文发表数提高 0.656 个百分点。博士生占比对国内期刊论文发表数的影响程度大于硕士生占比对国内期刊论文发表数的影响程度。由模型(4)可知，在模型(3)的基础上加入控制变量后，硕士生占比每提高 1 个百分点，国内期刊论文发表数提高 0.27 个百分点，博士生占比每提高 1 个百分点，国内期刊论文发表数提高 0.391 个百分点。在控制变量中，由模型(4)可知，专任教师数对国内期刊论文发表数在 0.01 的显著性水平下显著，专任教师数每提高 1 个百分点，国内期刊论文发表数提高 0.436 个百分点。此外，固定资产金额、图书册和教育经费总支出对国内期刊论文发表数不具有统计显著性，即对国内期刊论文发表数没有显著影响。

　　在关于研究生占比对国外期刊论文发表数的影响上，由模型(5)可知，硕士生占比和博士生占比对国外期刊论文发表数的影响在 0.01 的显著性水平下显著。其中，硕士生占比每提高 1 个百分点，国外期刊论文发表数提高 1.478 个百分点；博士生占比每提高 1 个百分点，国外期刊论文发表数提高 2.162 个百分点。硕士生占比和博士生占比的提高对国外期刊论文发表数的影响程度很大。在加入控制变量后，由模型(6)可知，硕士生占比和博士生占比对国外期刊论文发表数的影响也在 0.01 的显著性水平下显著。其中，硕士生占比每提高 1 个百分点；国外期刊论文发表数提高 0.666 个百分点，博士生占比每提高 1 个百分点，国外期刊论文发表数提高 0.871 个百分点。博士生占比对国外期刊论文发表数的影响大于硕士生占比对国外期刊论文发表数的影响。在控制变量中，专任教师数、固定资产金额和教育经费总支出对国外期刊论文发表数有着显著影响。其中专任教师数每提高 1 个百分点，国外期刊论文发表数提高 1.059 个百分点；固定资产金额每提高 1 个百分点，国外期刊论文发表数提高 0.254 个百分点；教育经费总支出每提高 1 个百分点，国外期刊论文发表数提高 0.232 个百分点。图书册对国外期刊论文发表数没有显著影响。

三、小　结

　　硕士生占比和博士生占比对国内期刊论文和国外期刊论文的发表数都有着显著的正向影响。本书在对研究生教育的培养方案中指出，研究生教育承担着创造高水平科研成果等任务。研究生除了完成学业课程外，还要参与科研活动，对某领域进行深入研究，从而提高学术水平，丰富产出科研成果。并且，在一所高校中，如果硕士生和博士生占比越高，参与科研活动的人员越多，那么科研团队越壮大。团队智慧的不断聚集也会进一步推动科研结果的增多，提高高校的学术实力。

　　博士生占比对科研产出的影响程度大于硕士生占比对科研产出的影响程度。一方面，硕士生和博士生的学术参与程度不同，博士生是科研团队的主要成员，在科研活动中发挥着重要作用。博士生有较高的学术能力与明确的研究方向，并且获取学术资源的能力更强，开展研究也较为顺利，在学习期间更能将精力用于对某领域的深入研究，因此易出科研成果。另一方面，高校对博士生的要求高于对硕士生的要求，大部分高校在博士生培养方案中指出博士生毕业的要求之一是发表至少两篇核心期刊论文。高校对博士生的毕业要求驱使着博士生产出科研成果，这也促进了高校学术成果的增多。因此，一流大学建设高校应在保持现有研究生占比的情况下，逐步提高博士在校生占总学生数的比例，从而推动其科学研究的发展。

　　硕士生占比对专著发表数没有显著性的影响。专著是针对某一领域深入研究的成果，对写作人员的学术要求也较高，因此，参与写作的学生以博士生为主体，硕士生参与较少。此外，专著的写作与发表的过程较长，高校每年发表的专著数量较少，因此专著对高校的影响程度不明显。

　　研究生教育是高层次人才培养的重要途径，本节的分析证实了研究生对高校的科研产出有着显著的影响，特别是博士生的影响更大。但目前我国研究生教育中出现了质量下降等问题，不利于高水平研究生队伍的建设与高校的发展。因此，在我国高校研究生规模不断扩大的情况下，重视研究生的教育成了高校的重要工作。一方面，高校应遵循研究生的人才成长规律，加强对研究生的管理，完善研究生培养模式，使研究生教育适应经济社会的发展；另一方面，高校应努力营造浓厚的学术氛围，鼓励支持研究生参与高水平的科研活动，找到自己研究的兴趣点和方向，调动起研究生参与科研的主动性与积极性，以兴办高水平的研究生教育，促进科研成果的产生，使我国高校不断向世界一流大学迈进，促进创新型国家的建设。

第四节　我国高等教育布局结构研究

高等教育布局结构是高等教育资源在一个国家和地区的空间分布、组合方式及区域间的联系，是高等教育系统与环境的关系的集中表现。① 高等教育布局结构反映了一个国家高等教育资源配置的状况，是不同类型高等教育机构在空间上的分布，影响着我国高等教育的可持续发展。

一、我国高等教育布局结构的现状分析

高等教育布局结构主要指的是教育的实体要素，包括高等学校和在校生数量的布局结构，也就是不同学校和学生数量在空间位置上的分布和相关关系。因此，本节把普通高校学校数和在校生数作为研究对象，分东、中和西部地区来分析我国高等教育布局结构的变化。

（一）各省份普通高校数变动情况

表 3-29　各省份普通高校数（所）变动情况②

省份	2006	2008	2010	2012	2014	2016	年均增长率（%）
北京	80	85	87	89	89	91	1.30
天津	45	55	55	55	55	55	2.03
河北	88	105	110	113	118	120	3.15

---

① 赵文华：《高等教育系统论》，263 页，桂林，广西师范大学出版社，2001。
② 数据来源于《中国教育统计年鉴》（2006—2016 年）。

省份	2006	2008	2010	2012	2014	2016	年均增长率（%）
山西	56	69	73	75	79	80	3.63
内蒙古	37	39	44	48	50	53	3.66
辽宁	78	104	112	112	116	116	4.05
吉林	45	55	56	57	58	60	2.92
黑龙江	65	78	79	79	80	82	2.35
上海	60	66	67	67	68	64	0.65
江苏	116	146	150	153	159	166	3.65
浙江	68	98	101	102	104	107	4.64
安徽	83	104	111	118	118	119	3.67
福建	63	81	84	86	88	88	3.40
江西	66	82	85	88	95	98	4.03
山东	108	125	132	136	141	144	2.92
河南	84	94	107	120	129	129	4.38
湖北	86	118	120	122	123	128	4.06
湖南	96	115	117	121	124	123	2.51
广东	105	125	131	137	141	147	3.42
广西	55	68	70	70	70	73	2.87
海南	15	16	17	17	17	18	1.84
重庆	38	47	53	60	63	65	5.51
四川	74	90	92	99	107	109	3.95
贵州	36	45	47	49	55	64	5.92
云南	50	59	61	66	67	72	3.71
西藏	6	6	6	6	6	7	1.55
陕西	76	88	90	91	92	93	2.04
甘肃	33	39	40	42	43	49	4.03
青海	11	9	9	9	12	12	0.87
宁夏	13	15	15	16	18	18	3.31
新疆	31	37	37	39	44	46	4.03

注：不含香港、澳门、台湾地区的数据。

由表 3-29 可知，从学校数来看，江苏省的高校数最多，西藏的高校数最少。从变动趋势来看，各地区的普通高校数基本都呈现增长的趋势，其中，贵州的高校数增长最快，年均增长率为 5.92％；上海的高校数增长最慢，年均增长率为 0.65％。

表 4-30　2006—2016 年分地区普通高校数变动情况

年份	2006	2007	2008	2009	2010	2011
东部地区高校数	1019	1049	1243	1261	1292	1309
中部地区普高校数	425	429	517	531	546	566
西部地区高校数	423	430	503	513	520	534
东部地区高校数占全国比例	54.58％	54.98％	54.93％	54.71％	54.79％	54.34％
中部地区高校数占全国比例	22.76％	22.48％	22.85％	23.04％	23.16％	23.50％
西部地区高校数占全国比例	22.66％	22.54％	22.23％	22.26％	22.05％	22.17％
年份	2012	2013	2014	2015	2016	
东部地区高校数	1321	1339	1352	1363	1377	
中部地区普高校数	574	591	600	608	611	
西部地区高校数	547	561	577	589	608	
东部地区高校数占全国比例	54.10％	53.75％	53.46％	53.24％	53.04％	
中部地区高校数占全国比例	23.51％	23.73％	23.72％	23.75％	23.54％	
西部地区高校数占全国比例	22.40％	22.52％	22.82％	23.01％	23.42％	

将各省份分为东部地区、中部地区和西部地区三大区域，由表 4-30 可知，东部地区的普通高校数最多，2016 年总共为 1377 所，西部地区的普通高校数最少，2016 年为 608 所，两者存在较大差距。从变动趋势来看，各区域普通高校数都有所增长，其中中部地区普通高校数增长幅度最大，从 2006 年的 425 所增加到 2016 年的 611 所，增长幅度为 43.76，其次为西部地区，东部地区普通高校数增幅最小。

从各区域普通学校数占全国比例来看，占比最高的是东部地区，但其占比有所减少，由 2006 年的 54.58％减小到 2016 年的 53.04％，减少了 1.54 个百分点，但仍占据着一半多一些的比例。中部地区和西部地区的普通高校学校数占比较为接近，其中中部地区普通高校数占比由 2006 年的 22.76％增加到 2016 年的 23.54％，增加了 0.78 个百分点；西部地区普通高校数占比由 2006 年的 22.66％增加到 2016 年的 23.42％，增加了 0.76 个百分点。由各地区高校数及其占全国的比例的变动趋势来看，随着高等教育的不断发展，各地区普通高校数在不断增加，以满足大规模学生的求学需求，并且各地区普通高校数占全国的比例的变动反映出我国高等教育布局结构在不断进行调整。

（二）各省份一流大学建设高校数、"985"高校数和"211"高校数情况

表 3-31　各省份一流大学建设高校数、"985"高校数和"211"高校（所）情况

省份	一流大学建设高校数	一流大学建设高校 A 类数	一流大学建设高校 B 类数	"985"高校数	"211"高校数
北京	8	8	0	8	26
天津	2	2	0	2	4
河北	0	0	0	0	1
山西	0	0	0	0	1
内蒙古	0	0	0	0	1
辽宁	2	1	1	2	4
吉林	1	1	0	1	3
黑龙江	1	1	0	1	4
上海	4	4	0	4	9
江苏	2	2	0	2	11
浙江	1	1	0	1	1
安徽	1	1	0	1	3
福建	1	1	0	1	2
江西	0	0	0	0	1
山东	2	2	0	2	3

续表

省份	一流大学建设高校数	一流大学建设高校 A 类数	一流大学建设高校 B 类数	"985"高校数	"211"高校数
河南	1	0	1	0	1
湖北	2	2	0	2	7
湖南	3	2	1	3	3
广东	2	2	0	2	4
广西	0	0	0	0	1
海南	0	0	0	0	1
重庆	1	1	0	1	2
四川	2	2	0	2	5
贵州	0	0	0	0	1
云南	1	0	1	0	1
西藏	0	0	0	0	1
陕西	3	2	1	3	7
甘肃	1	1	0	1	1
青海	0	0	0	0	1
宁夏	0	0	0	0	1
新疆	1	0	1	0	2
合计	42	36	6	39	113

表 3-32　各地区"211"高校数、"985"高校数和一流大学建设高校数(所)情况①

省份	一流大学建设高校数	一流大学建设高校 A 类数	一流大学建设高校 B 类数	"985"高校数	"211"高校数
东部	27	26	1	27	76
中部	6	4	2	5	14
西部	9	6	3	7	23
总计	42	36	6	39	113

---

①　数据根据中国教育部网站摘录整理。

由表 3-31 可知,北京的一流大学建设高校数最多,为 8 所,并且"985"和"211"高校数也最多,分别为 8 所和 26 所;一些省份,如河北、山西及江西省等没有一流大学建设高校和"985"高校。由表 3-32 可知,从区域来看,东部地区一流大学建设高校总共为 27 所,占据了一流大学建设高校总数的一半以上;"985"高校数和"211"高校数分别为 27 所和 76 所,数量也最多。中部地区和西部地区的一流大学建设高校数、"985"高校数和"211"高校数较少。由此可知高质量的高校在各省份和地区之间分布都不平衡。

(三)各省份普通高校在校生数变动情况

表 3-33　各省份普通高校在校生数(人)变动情况①

省份	2006	2008	2010	2012	2014	2016	年均增长率(%)
北京	565779	585624	587106	591243	604578	599188	0.58
天津	357382	386437	429224	473114	505795	513842	3.70
河北	862618	1000033	1105118	1168796	1164341	1216096	3.49
山西	446428	526756	562924	637330	713218	756287	5.41
内蒙古	252917	316700	371388	391434	406414	436699	5.61
辽宁	720548	820374	880247	934078	998281	998719	3.32
吉林	435065	504084	544392	578953	618273	642263	3.97
黑龙江	592000	678139	719117	704538	730614	735857	2.20
上海	466333	502899	515661	506596	506644	514683	0.99
江苏	1306181	1572632	1649430	1671173	1698636	1745847	2.94
浙江	719869	832224	884867	932292	978216	996143	3.30
安徽	663684	808276	938954	1023033	1080545	1145007	5.61
福建	461341	562595	647774	701392	748480	756392	5.07
江西	770525	764182	816484	851119	916415	1038951	3.03
山东	1338122	1534009	1631373	1658490	1796665	1995880	4.08

---

①　数据来源于历年《中国教育统计年鉴》,本文中的普通高校在校学生数为高等教育普通本科和专科学生数。

省份	2006	2008	2010	2012	2014	2016	年均增长率（%）
河南	974096	1250204	1456730	1559025	1679744	1874752	6.77
湖北	1092274	1184915	1296920	1386086	1419699	1401840	2.53
湖南	830181	952330	1047241	1082235	1136302	1225016	3.97
广东	1008577	1216390	1426624	1616838	1794188	1892878	6.50
广西	387447	484189	567516	629243	701913	810282	7.66
海南	90138	126355	150806	168270	180565	184875	7.45
重庆	376118	450008	522719	623605	691555	732475	6.89
四川	860640	991072	1086215	1223680	1328329	1446559	5.33
贵州	221546	267526	323293	383815	460401	573932	9.99
云南	284230	347732	439042	512178	577044	656594	8.73
西藏	23327	29409	31109	33452	33474	35034	4.15
陕西	726219	839658	927769	1026254	1099613	1076254	4.01
甘肃	263691	331895	381526	431069	452300	457204	5.66
青海	35983	42177	44994	48668	52907	61860	5.57
宁夏	55931	70454	80206	96440	111432	117149	7.67
新疆	199251	230971	251160	268716	290418	319875	4.85

由表 3-33 可知，从在校生数来看，山东的普通高校在校生数最多，2016 年达到 200 万人左右；西藏的普通高校在校学生数最少，2016 年为 3.5 万人左右。从变动趋势来看，各省份的普通高校在校学生数基本都呈现增长趋势，其中，贵州的普通高校在校学生增长最快，年均增长率为 9.99%；北京的普通高校在校学生数增长最慢，年均增长率为 0.58%。

表 4-34 2006—2016 年各地区普通高校在校学生数变动情况

	2006	2007	2008	2009	2010	2011
东部地区在校学生数	9587637	10406235	11130071	11731423	12110693	12435640
中部地区在校学生数	4366421	4707736	4995087	5327514	5551687	5715800
西部地区在校学生数	3434383	3734983	4085091	4387633	4655549	4933638

	2006	2007	2008	2009	2010	2011
东部地区在校学生数占全国比例	55.14%	55.21%	55.07%	54.70%	54.26%	53.87%
中部地区在校学生数占全国比例	25.11%	24.98%	24.72%	24.84%	24.88%	24.76%
西部地区在校学生数占全国比例	19.75%	19.82%	20.21%	20.46%	20.86%	21.37%
	2012	2013	2014	2015	2016	
东部地区在校学生数	12728806	13060670	13405821	13716739	13937670	
中部地区在校学生数	5907229	6078391	6271792	6503620	6733545	
西部地区在校学生数	5277120	5541665	5799386	6032609	6287218	
东部地区在校学生数占全国比例	53.23%	52.92%	52.62%	52.25%	51.70%	
中部地区在校学生数占全国比例	24.70%	24.63%	24.62%	24.77%	24.98%	
西部地区在校学生数占全国比例	22.07%	22.45%	22.76%	22.98%	23.32%	

由表 4-34 可知，东部地区的普通高校在校生数最多，2016 年为 1394 万人左右，西部地区的普通高校在校学生数最少，2016 年为 629 万人。从变动趋势来看，各区域普通高校在校学生数都有所增长，其中西部地区普通高校在校学生数增长幅度最大，从 2006 年的 343 万人增加到 2016 年的 629 万人，增长幅度为 83.38%，其次为中部地区，东部地区普通高校在校生数增长较慢。

从各区域普通高校在校学生数占全国比例来看，东部地区 2016 年占比为 51.7%，虽然较 2006 年降低了 0.7 个百分点，但占比仍最高。其次是中部地区，占比由 2006 年的 25.11% 降到 2016 年的 24.98%，降低了 0.13 个百分点。西部地区的普通高校在校生数占全国的比例虽然较低，但有所增加，由 2006 年的 19.75% 增加到 2016 年的 23.32%，增加了 3.57 个百分点。

总体而言，各地区高校数、在校生数及其占比的变动趋势基本保持一致。随着高等教育的不断发展，各地区普通高校数和在校生数都不断增加，高等教育规模不断扩大。但从内部来看，由于各地区经济社会发展状况不同，地区之间普通高校数和在校学生数仍存在较大的差距，高等教育布局结构内部不均衡状况仍存在。

二、影响我国高等教育布局结构的因素分析

(一)模型构建

$$LnY_{it} = \beta_0 + \beta_1 LnPop_{it} + \beta_2 LnGdp_{it} + \beta_3 LnT_{it} + u_{it}$$

高等教育布局结构的变化受到国家政策和地方社会经济发展水平的影响。并且由已有研究可知[①]，各省份普通高校学校数与总人口、地区生产总值存在较强的相关关系。本节选取 2006—2016 年的我国 31 个省级单位高等教育布局结构的相关数据，其中，因变量 Y_{it} 包括普通高校学校数(school$_{it}$)和普通高校在校学生数(student$_{it}$)，school$_{it}$ 代表第 i 个省份第 t 年的普通高校学校数，student$_{it}$ 代表第 i 个省份第 t 年的普通高校在校学生数。自变量 Pop$_{it}$ 代表第 i 个省份第 t 年的总人口数，Gdp$_{it}$ 代表第 i 个省份第 t 年的地区生产总值。控制变量 T_{it} 包括各省份普通高等学校招生数和各省份教育经费投入，enrollment$_{it}$ 代表第 i 个省份第 t 年的普通高等学校招生数，expenditure$_{it}$ 代表第 i 个大学第 t 年的教育经费投入。β_0 代表截距项，β_i(i=1，2，3)表示自变量变化 1% 时，因变量对应变化的百分比。

(二)回归结果分析

表 3-35　高等教育布局结构的影响因素分析

被解释变量	普通高校学校数 ln(school)		普通高校在校学生数 ln(student)	
	(1)	(2)	(3)	(4)
地区生产总值 ln(gdp)	0.206***	0.243***	0.327***	0.236***
	(0.010)	(0.034)	(0.011)	(0.035)

---

① 李硕豪、魏昌廷：《我国高等教育布局结构分析——基于 1998—2009 年的数据》，载《教育发展研究》，2011(3)。

续表

被解释变量	普通高校学校数 ln(school)		普通高校在校学生数 Ln(student)	
	(1)	(2)	(3)	(4)
总人口数 Ln(pop)	0.484***	0.470***	0.505***	0.576***
	(0.046)	(0.042)	(0.057)	(0.039)
招生数 Ln(enrollment)		0.056***		0.123***
		(0.015)		(0.016)
教育经费投入 Ln(expenditure)		−0.044		0.052*
		(0.029)		(0.030)
常数项	−1.710	−1.944	6.073	4.070
	(0.344)	(0.369)	(0.426)	(0.354)
观测值	341	341	341	341
R^2	0.662	0.666	0.807	0.828
P 值	0.000	0.000	0.000	0.000

注：＊、＊＊、＊＊＊分别表示 0.1、0.05、0.01 的显著性水平，括号内为标准差。

由表 3-35 可知，在把普通高校学校数作为被解释变量的回归分析中，由模型(1)的结果可知，地区生产总值和总人口数对普通高校学校数的影响在 1% 的显著性水平下显著。其中，地区生产总值每提高 1 个百分点，普通高校学校数提高 0.206 个百分点；总人口数每提高 1 个百分点，普通高校学校数提高 0.484 个百分点。由模型(2)可知，在模型(1)的基础上加入控制变量后，地区生产总值每提高 1 个百分点，普通高校学校数提高 0.243 个百分点；总人口数每提高 1 个百分点，普通高校学校数提高 0.47 个百分点。在控制变量中，由模型(2)可知，招生数对普通高校学校数在 0.01 的显著性水平下显著，招生数每提高 1 个百分点，普通高校学校数提高 0.056 个百分点；教育经费投入与普通高校学校数之间不存在统计显著性，即教育经费投入对普通高校学校数没有显著影响。

在把普通高校在校学生数作为被解释变量的回归分析中，由模型(3)可知，地区生产总值和总人口数对在校生数的影响在 0.01 的显著性水平下显著。其中，地区生产总值每提高 1 个百分点，在校生数提高 0.327 个百分点；总人口数每提高 1 个百分点，在校生数提高 0.505 个百分点。由模型(4)可知，在模型(3)的基础上加入控制变量后，地区生产总值每提高 1 个百分点，在校生数提高 0.236 个百分点；总人口数每提高 1 个百分点，在校生数提高 0.576 个百分点。由模型(4)可知，在模型(3)的基础上加入控制变量后，招生数和教育经费投入对普通高校在校生数的影响显著。

三、小　结

各省份的普通高校学校数呈现逐年增长的趋势，其中，江苏的普通高校学校数最多，贵州的普通高校学校数增长最快。将各省份分为东部地区、中部地区和西部地区三大区域，从普通高校学校数来看，中部地区普通高校数增长幅度最大，其次为西部地区，东部地区普通高校数增幅最小。从占比来看，中部地区和西部地区省份普通高校学校数占比在不断提高，东部地区省份普通高校学校数占比有所降低。此外，东部地区重点高校数量较多，而中部和西部地区重点高校数量较少，重点高校在地区之间分布不平衡。

各省份的普通高校在校生数都有所增加。其中，山东的普通高校在校生数最多，贵州的普通高校在校生数增长最快。从普通高校在校生数来看，西部地区普通高校在校生数增长幅度最大，其次为中部地区，东部地区普通高校在校生数增长较慢。从占比来看，东部地区占比仍最高；其次是中部地区，但占比有所降低；西部地区普通高校在校生数占全国的比例虽然较低，但有所增加。我国的高等教育布局结构在不断调整，但由于各地区经济社会发展状况不同，高等教育布局结构仍然存在较大的内部差距。

在关于高等教育布局结构的影响因素分析中，地区生产总值和总人口数对高等教育布局结构有着显著的正向影响。高等教育布局结构受地区生产总值和总人口数的显著影响。由于各地的经济与社会发展状况不同，经济发达的省份有着较为充裕的资源，教育发展会较快。反之，经济不发达的省份的教育发展就会慢一些，并且当地人口数也会对高等教育布局结构有所影响、人口较多的省份，对教育的需求较大，相应的学校数也会有所增加。

随着我国高等教育的不断发展，高等教育布局结构在不断进行优化调整，逐步与经济发展相适应。但由于各地区经济社会发展状况不同，高等教育布局结构内部仍存在较大的差距。除了地区生产总值和总人口数对高等教育布局结构有影响外，当地的产业结构和国家政策也会对高等教育布局结构产生较大影响，产业的类型与分布及高校体制的改革、高校合并和建立分校都会对高等教育布局结构产生影响。高等教育布局结构的调整是一个长期的过程，在高等教育布局结构的调整中，不仅要挖掘各地区的经济优势，不断推动各地经济的协调发展，为教育的发展提供物质保障，而且要充分调动国家、政府和高校的积极性，对经济不发达地区实行政策倾斜，加大资源的投入，推动教育的协调发展，实现高等教育布局结构的优化。

第五节　我国高等教育经费支出结构的国际比较研究

随着教育的逐渐发展，我国高等教育已由规模扩张的外延式发展转为以质量提升为核心的内涵式发展，高等教育质量保障与教育经费的充足性和经费结构的合理性密切相关。在"一带一路"、加大对外开放程度等政策背景下，我国将高等教育置于国际背景进行研究是符合时代要求的。

一、国内外高等教育经费支出结构的基本情况

(一)国内教育经费支出结构及区域比较①

从 1999 年起，国家实行高等教育扩招政策，此后相关政策不断出台，高等教育持续发展，教育规模逐渐扩大，质量稳健提升。结合数据的可得性，研究选取 1999—2016 年《中国教育经费统计年鉴》中普通高等学校全国教育经费支出

---

① 国内教育经费数据来自《中国教育经费统计年鉴》的"全国各级各类教育机构教育支出明细"中的普通高等学校经费支出明细和对应地区普通高等学校(总)经费支出明细。通过计算，得到 18 年间各指标对应值。考虑到通货膨胀，故将国内各年经费以 1998 年为基期，根据居民消费价格指数进行调整。

数据及教育、经济双发达省份(北京、上海、江苏、天津、浙江、湖北、重庆和广东),"一带一路"经济带省份(内蒙古、辽宁、吉林、黑龙江、广西、云南、西藏、陕西、甘肃、青海、宁夏和新疆)支出数据,并借助 1998—2015 年 CPI 数据,以 1998 年为基期,调整经费数据,获得去除通货膨胀因素后的历年经费支出变化趋势(见图 3-10)。

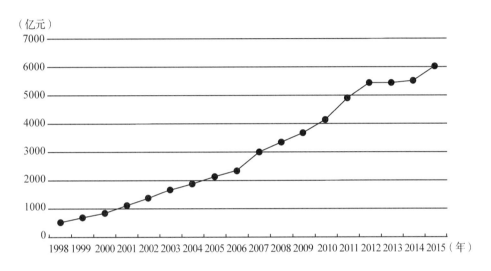

图 3-10 1998—2015 年中国普通高等学校教育经费支出变化

排除通货膨胀因素后,我国普通高校教育经费支出仍逐年增长,从 1998 年的 518.24 亿元增长至 2015 年的 6022.54 亿元,年均增长率为 15.52%,增长速度可大致分为几个阶段:1998—2006 年是稳定递增阶段,年均增量为 226.21 亿元;2006—2012 年是快速递增阶段,年均增量为 516.72 亿元;2012—2014 年是趋于稳定阶段,年均增量为 43.17 亿元;而后 2015 年支出进一步递增。这可能与我国高等教育在各阶段的任务有关。1999 年高校开始扩招,校舍等必备设施需要进一步扩充,经费支出有所增长;2006 年前后,我国高等教育进入大众化阶段,越来越多的人选择进入大学进一步深造,人员经费投入上有所增加,总经费支出增加;2012 年,我国首次实现教育经费占国民生产总值 4%的目标,教育领域经费相对充足,经费增速减缓;2015 年,我国开始推进"双一流"建设,经费支出进一步增加。

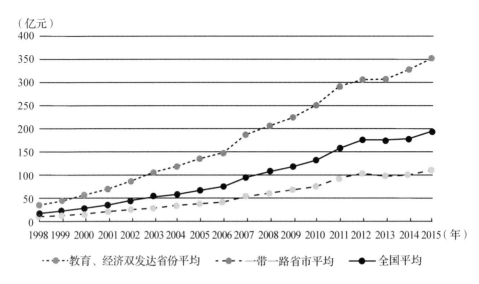

图 3-11 1998—2015 年普通高等学校教育经费平均支出变化

考虑到我国地大物博，各省份差异较大，本书将全国数据，教育、经济双发达省份数据及"一带一路"省份数据三类①平均后进行比较，如图 3-11 所示，发现教育、经济双发达省份和"一带一路"省份平均经费支出轨迹与全国相似，以 2006 年和 2012 年为关键点。1998—2006 年，教育、经济双发达省份、全国和"一带一路"省份年均增长率为 20.11％、20.66％、19.61％；2006—2012 年，三者年均增长率依次为 13.03％、15.15％、16.72％。此外，教育、经济双发达

---

① 高等教育与当地的高校质量及地方经济水平密切相关，教育、经济双发达省份的选取标准为 2017 年 1～6 月全国省份 GDP 排名前 5（上海、北京、广东、天津、重庆），2018 年全国一至三级城市排名前 5（北京、上海、广东、天津、浙江），"双一流"高校建设数量前 5（北京、上海、江苏、湖北、浙江）的省份合集，得到北京、上海、江苏、天津、浙江、湖北、重庆、广东 8 个省份，将其作为教育、经济双发达省份代表。依据《推动共建丝绸之路经济带和 21 世纪海上丝绸之路的愿景与行动》文件，"一带一路"丝绸之路经济带省份包含重庆、内蒙古、辽宁、吉林、黑龙江、广西、云南、西藏、陕西、甘肃、青海、宁夏和新疆，结合 2017 年 1～6 月全国省份 GDP 排名和"双一流"高校地区分布名单，"一带一路"丝绸之路经济带除重庆外，其他 12 个省份经济发展水平相当，高等教育质量中等，且在"一带一路"政策下，这些省份的发展趋势及国际合作趋势较好，故选取除重庆外的"一带一路"丝绸之路经济带省份（内蒙古、辽宁、吉林、黑龙江、广西、云南、西藏、陕西、甘肃、青海、宁夏和新疆）组成"一带一路"省份。

省份普通高等学校教育经费支出远高于全国平均水平，全国平均水平高于"一带一路"省份平均水平，2015 年三者经费支出依次为 350.51 亿元、194.28 亿元、109.16 亿元，三者年均增长率均在 14.8%～15.5%，教育、经济双发达省份与"一带一路"省份同年比值维持在 3.2～3.6，三者同年绝对值差距逐渐加大。

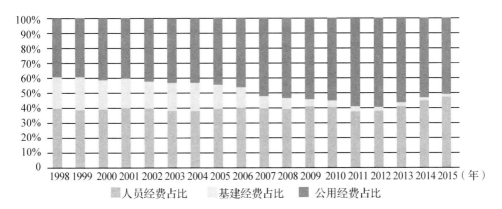

图 3-12　1998—2015 年全国普通高等学校人员经费、基建经费、公用经费支出占比

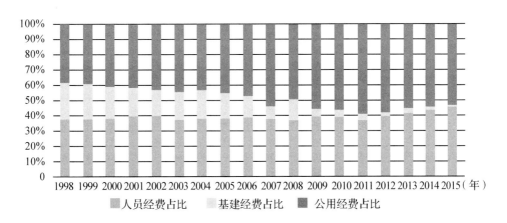

图 3-13　1998—2015 年教育、经济双发达省份普通高等
学校人员经费、基建经费、公用经费支出占比

图 3-11 到图 3-14 为全国，教育、经济双发达省份及"一带一路"省份经费占比情况图。总体而言，三者基建经费占比呈下降趋势，公用经费占比呈上升趋势，1998—2012 年人员经费占比在 40% 上下波动，自 2012 年起逐年递增。在教育经费

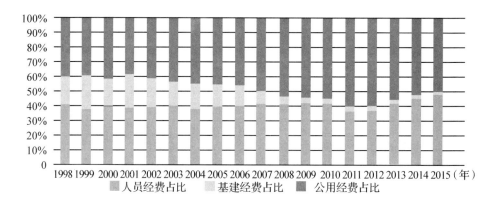

图 3-14　1998—2015 年"一带一路"省份普通高等学校人员经费、

基建经费、公用经费支出占比

中，1998—2002 年，人员经费与公用经费比重相当。自 2002 年起，公用经费增速加快，占比逐渐高于人员经费：2002 年全国公用经费占比为 42.43%，人员经费占比为 39.55%；2012 年，公用经费占比为 59.39%，人员经费占比为 37.78%。教育、经济双发达省份 2002 年公用经费占比为 43.68%，人员经费占比为 39.57%；2012 年公用经费占比为 57.91%，人员经费占比为 39.24%。"一带一路"省份 2002 年公用经费占比为 41.36%，人员经费占比为 39.1%；2012 年公用经费占比为 59.57%，人员经费占比为 36.74%。

　　高校扩招政策出台后，毛入学率逐年上升，已有的教学楼、办公楼等基本设施不足以满足教学需求，故这一时期基建费比重较大；之后基础设施、大型修缮、校舍等逐渐补充后，基建经费占比开始降低。在教育经费支出结构中，人员经费是刚性需求，其占比反映经费的充足程度。当教育经费拮据时，在满足刚性的人员经费后，投入的公用经费非常有限，其比重较低；当经费相对充足时，公用经费占比较高。结合图 3-10，我国普通高等学校教育经费逐年上涨，在满足人员经费需求的情况下，公用经费比重上升。越来越多的学者反映我国人员经费偏低，教师工资偏低，学生的奖助学贷款力度有待加大。基于此，国家出台了《关于改革完善中央高校预算拨款制度的通知》《关于全面深化新时代教师队伍建设改革的意见》等相关政策，以增加高校人员经费。自 2012 年起，人员经费占比逐年上升。2015 年，全国人员经费占比为 47.34%，比 1998 年升高约 8 个百分点。

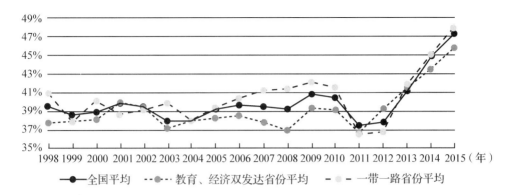

图 3-15　1998—2015 年全国普通高校人员经费占比变化

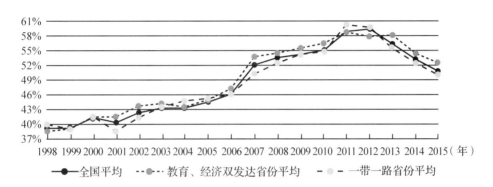

图 3-16　1998—2015 年全国普通高校公用经费占比变化

图 3-17　1998—2015 年全国普通高校基建经费占比变化

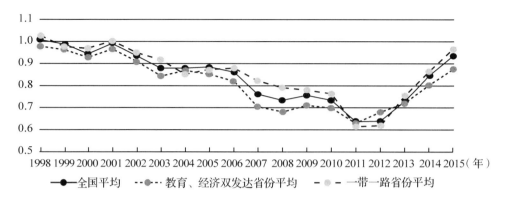

图3-18　1998—2015年全国普通高校人员经费与公用经费比值变化

图3-15到图3-18比较了全国，教育、经济双发达省份及"一带一路"省份经费占比的变化及差异。作为刚性需求，人员经费占比反映经费的相对充足性。从图3-15可知，三者人员经费变化轨迹相似，但相比而言，双发达省份人员经费占比最低，其次为全国平均，"一带一路"省份人员经费占比略高，这符合图3-11显示的教育、经济双发达省份教育经费高于全国平均水平，全国教育经费平均水平高于"一带一路"省份。从图3-16、图3-17可以看出，三者公用经费和基建经费变化轨迹更为相似，且基建经费占比下降速度趋于平缓，数值趋于一致，这反映了我国大部分高校在基建经费上的支出趋于稳定，教育经费的支出绝大部分用于事业性经费。相比而言，事业性经费中的人员经费和公用经费占比波动较大，图3-18直观呈现出1998—2015年全国平均人员经费与公用经费比值变化，1998—2011年比值持续下降趋势，而后一直上升。这反映国家对人员经费投入的加大和对人力资本的重视。同时，人员经费占比、公用经费占比波动较大，基建经费占比趋于稳定，这表明探究教育经费支出结构合理性及改进方向将从事业性经费入手。

综上，我国普通高校教育经费逐年上涨，分地区看，全国平均，教育、经济双发达省份平均和"一带一路"省份平均三者经费逐年增加且轨迹相似，其中教育、经济双发达省份平均教育经费高于全国平均水平，"一带一路"省份平均教育经费低于全国平均水平。2015年，教育、经济双发达省份平均教育经费是全国平均水平的 1.80 倍左右，是"一带一路"省份平均经费的 3.21 倍左右，全国平均水平是"一带一路"省份平均水平的 1.78 倍左右。在全国平均方面，从支出结构看，基建经费比重逐年下降，由 1998 年的 21％左右降至 1.8％左右。现阶段教育经费支出绝大部分为公用经费和人员经费，1998—2012 年人员经费占比较为稳定，在 40％上下波动，自 2012 年起占比上升；1998—2012 年公共经费占比呈上升趋势，2012 年起比重呈下降趋势；2015 年，人员经费与公用经费比值约为 0.9。从人员经费占比看，由高到低依次为"一带一路"省份平均水平，全国平均水平，教育、经济双发达省份平均水平，表明教育、经济双发达省份教育经费相对充足，"一带一路"省份经费较为有限，但比重相差不大，且变化轨迹相似。教育、经济双发达省份与"一带一路"省份居于全国平均水平的两端，表明在选取代表省份的分组上，将北京、上海、江苏、天津、浙江、湖北、重庆、广东作为中国教育、经济双发达省份代表，将内蒙古、辽宁、吉林、黑龙江、广西、云南、西藏、陕西、甘肃、青海、宁夏、新疆作为中国一般发展城市的代表是可行的。

我国普通高校教育总经费和经费支出结构与同年或近年的国内政策及国情密切相关。为了了解当前结构是否合理，未来变化趋势如何，除了可以借助历年国内数据分析变化方向、对比国内发达省份情况外，进行国际比较也非常重要。在加大对外开放等国际背景下，开阔教育的国际化视野非常重要。基于此，在了解国内教育经费状况及经费支出结构状况外，将其置于国际相似水平中比较，了解我国在国际中的水平，将更有利于探究经费支出结构的合理性，促进我国高校积极、稳健地发展。

(二) 与"一带一路"沿线国教育经费支出结构的比较

"一带一路"即丝绸之路经济带与 21 世纪海上丝绸之路，自 2013 年习总书记提出以来，国内区域省份与沿线国家合作交往日益频繁，经济、文化、教育等交流合作项目增多。在"一带一路"建设的过程中，各国间的高等教育合作会逐渐增多，沿线国高等教育经费是否充裕、经费支出结构如何都值得研究。由于经费数据获得渠道有限，"一带一路"沿线国数量较多，因此本书仅选取"一带一路"沿线国平均水平与中国进行比较。

1. 教职工薪酬占比

图 3-19 1998—2015 年全国普通高校教职工薪酬占比重变化①

对比图 3-15 与图 3-19 可以发现，全国平均，"一带一路"省份平均，教育、经济双发达省份平均三者人员经费占比的波动较教职工薪酬占比的波动大，表明三者对高校学生的资助力度存在较大差异。由于在 20%～38% 的纵坐标范围中，三者的教职工薪酬占比变化轨迹相似，数据值相近，放入国际比较中，纵坐标范围变为 0～100%，轨迹将更加吻合，因此本书选取全国作为代表进行比较。

我国教职工薪酬占比远低于"一带一路"沿线国薪酬占比，1998—2004 年占比仅高于马来西亚和希腊，2009—2015 年占比仅高于越南和马尔代夫，偏低幅度为 16%～35%。"一带一路"沿线国平均占比波动区间为 45%～60%，我国波动区间为 22%～36%，波动区间差值相近，但相比于"一带一路"沿线国波动稳定，我国薪酬占比自 2006 年快速下降。结合图 3-10(1998—2015 年中国普通高等学校教育经费支出变化)，2006 年起，我国教育经费增长速率加快，教职工薪酬占比快速下降，经费总支出快速增长，这进一步验证了人员经费作为刚性需求，在经费充足时，比例降低。与我国 1998—2006 年教职工薪酬占比相比，我国 2012 年起教职工薪酬占比上升速度加快，这表明我国尚未进入薪酬占比的稳

---

① 因国内人员经费统计口径与国际统计口径存在差异，故去除国内人员经费中的奖助学贷款，使之与国际人员经费口径(教职工薪酬)相匹配。

定阶段，稳定性较弱。2006—2012 年，我国与"一带一路"沿线国平均差距加大，2012 年起，我国薪酬比例上升，"一带一路"沿线国平均比例下降，差距逐渐缩小，至 2015 年，"一带一路"沿线国教职工薪酬平均占比为 45.55％，我国为 29.13％，约低 16 个百分点。

2. 资本性支出占比

扩招时期，我国高校基础设施、固定资产等不足，所以在房屋校舍等建造上投入较大。后期基础设施等相对完善，投入较少，与建造时相匹配的房屋修缮等费用增加，且因为修葺费等被归为公用经费，故在数据呈现上，基建经费占比逐年下降，公用经费占比上升。至 2015 年，基建经费占比跌至 2％，国内基建经费变化趋势较为稳定。与国内统计口径不同，国际上将公用经费中的设备购置和房屋建筑修缮等支出与基建经费支出统一归为资本性支出。基于此，本书调整国内数据，选取全国作为代表与"一带一路"沿线国进行比较。

与教职工薪酬不同，我国资本性支出占比远高于"一带一路"沿线国家，仅希腊、马来西亚、老挝、斯里兰卡、阿富汗于前期或后期高于中国。"一带一路"沿线国平均占比波动区间为 10％～16％，中国波动区间为 23％～38％。相比于"一带一路"沿线国平均水平，我国资本性支出占比波动较大，且占比偏高，偏高幅度为 10％～25％。

从整体看，"一带一路"沿线国平均资本性支出占比较稳定；我国资本性支出占比大体呈递减趋势，与"一带一路"沿线国差距缩小，主要原因是扩招后期，房屋资产、基础设施基本完善，基建经费占比下降。我国基建经费占比以 2006 年为关键点，2006 年前基建经费占比略高于"一带一路"沿线国平均水平，之后快速下降，与"一带一路"沿线国差距拉大；至 2015 年，"一带一路"沿线国资本支出占比约为 14.65％，我国资本性支出占比约为 23.99％，比"一带一路"沿线国约高 9 个百分点。比较我国资本性支出占比与基建经费占比变化趋势，发现 1998—2006 年，两者下降轨迹相似，2006 年后差距扩大，基建经费下降速度快于资本性支出下降速度，即相比于 2006 年前，2006 年后，公用经费中的其他资本性支出比重加大，这进一步说明 2006 年后，相比于房屋校舍的新建，高校资本性支出已经转为以房屋修葺等为主。

(三)与 OECD 成员国教育经费支出结构的比较

OECD 全称为经济合作与发展组织,由 35 个市场经济国家构成,绝大部分为发达国家,经济水平较高。依据 2016 年世界人均 GDP 排名,卢森堡、瑞士、挪威、爱尔兰和丹麦位于前 5,这 5 个国家均属于 OECD 成员国。OECD 成员国无论在经济还是教育方面,都有值得我国学习借鉴的地方。相比于发展中国家,OECD 成员国高等教育经费结构相对成熟、稳定。通过比较中国平均水平与OECD 成员国教职工薪酬占比与资本性支出占比,可以了解中国在国际中的现状及发展趋势。①

1. 教职工薪酬占比

我国教职工薪酬占比远低于 OECD 成员国家,仅在 2001—2004 年高于希腊,偏低幅度为 23%～29%。OECD 成员国教职工薪酬占比较为稳定,波动区间为57%～63%。与 OECD 成员国相比,我国教职工薪酬占比波动略大,1998—2006年,较为稳定,波动范围为 33%～36%;2006—2012 年呈下降趋势,2012 年起呈上升趋势,整体波动范围为 22%～36%。至 2014 年,OECD 成员国教职工薪酬平均占比为 57.12%,我国为 27.61%,比 OECD 成员国约低 29 个百分点。

2. 资本性支出占比

我国资本性支出占比远高于 OECD 成员国家,仅在 2001—2005 年低于希腊一国,偏高幅度为 13%～24%。OECD 成员国资本性支出平均占比波动区间为9%～15%,我国波动区间为 25%～38%,我国资本性支出占比波动幅度较大。从变化趋势上看,1999—2009 年,OECD 成员国资本性支出占比呈下降趋势,之后呈上升趋势;我国总体呈下降趋势,且降速快于 OECD 成员国。两者差距逐渐缩小:1999 年,我国占比为 37.72%,OECD 成员国为 14.85%,相差约 23个百分点;2014 年,我国占比为 25.55%,OECD 成员国为 12.47%,相差约 13个百分点,差距缩小了约 10 个百分点。

---

① 清理后得到 1998—2014 年 33 个国家样本:澳大利亚、奥地利、比利时、加拿大、智利、捷克、丹麦、爱沙尼亚、芬兰、法国、德国、希腊、匈牙利、冰岛、爱尔兰、以色列、意大利、日本、拉脱维亚、卢森堡、墨西哥、荷兰、挪威、波兰、葡萄牙、韩国、斯洛伐克、斯洛文尼亚、西班牙、瑞典、瑞士、土耳其和美国。

(四)"一带一路"沿线国、OECD成员国和中国三者教育经费支出结构比较

1. 教职工薪酬占比

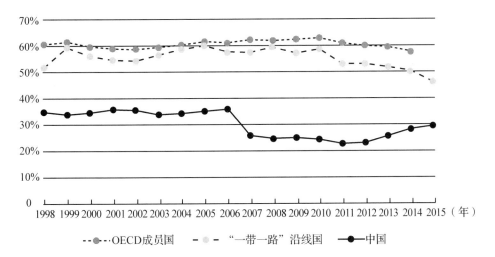

图 3-20 1998—2015 年 OECD 成员国、"一带一路"沿线国及中国教职工薪酬占比变化

对比 OECD 成员国、"一带一路"沿线国与中国教职工薪酬占比变化(见图 3-20)。可知,OECD 成员国教职工薪酬占比最高,其次为"一带一路"沿线国,两者占比相近,中国最低,且差距较大。就稳定性而言,OECD 成员国占比最为稳定,波动区间为 57%~63%,波动幅度为 6%;"一带一路"沿线国波动区间为 45%~60%,波动幅度为 15%;中国波动最大,波动区间为 22%~36%,波动幅度为 14%。近年来,OECD 成员国与"一带一路"沿线国薪酬占比呈下降趋势,我国薪酬占比呈上升趋势,差距逐渐缩小。至 2014 年,OECD 成员国占比为 57.12%,"一带一路"沿线国为 49.31%,我国为 27.61%。

从样本国的经济发展水平看,OECD 成员国平均经济水平较"一带一路"沿线国平均水平高,OECD 成员国薪酬占比较为稳定,且比例最高;"一带一路"沿线国及 OECD 成员国平均水平均远高于中国。本书推测薪酬占比与国家的经济发展水平相关,且我国教职工薪酬占比过低,未来我国薪酬占比呈上升趋势,并最终趋于稳定。

2. 资本性支出占比

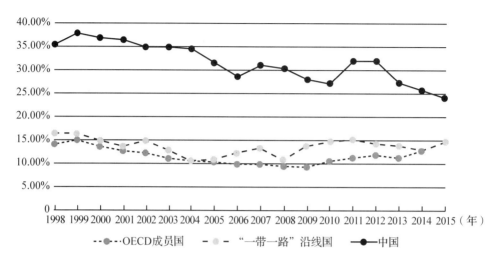

图 3-21　1998—2015 年 OECD 成员国、"一带一路"沿线国及中国资本性支出占比变化

通过图 3-21 可知，中国资本性支出占比最高，其次为"一带一路"沿线国，OECD 成员国最低。"一带一路"沿线国与 OECD 成员国占比相近，中国远高于两者，差距较大。从波动范围看，OECD 成员国波动区间为 9％～15％，"一带一路"沿线国波动区间为 10％～16％，中国波动区间为 23％～38％，中国波动幅度较大。至 2014 年，OECD 成员国占比为 12.47％，"一带一路"沿线国占比为 12.73％，中国占比为 25.55％。

"一带一路"沿线国反映国际一般水平，OECD 成员国反映国际发达水平，两者均呈现较低的资本性支出占比，且 1998—2014 年，波动范围稳定在 9％～16％，整体来看稳定性较强。本书推测我国资本性支出占比会继续降低，随着支出结构的合理化发展，差距逐渐缩小，并最终在合理范围内小幅波动。

二、高等教育经费支出结构的实证分析

我国教育经费逐年递增，与"一带一路"沿线国和 OECD 成员国相比，我国教职工薪酬占比偏低，资本性支出占比过高，支出结构不合理。经费支出中各项目的弹性差异是决定支出结构的重要因素，而在各项支出中，教职工薪酬支出最为刚性，也最具有规律性。本部分从教职工薪酬支出占比切入，

探究影响我国教职工薪酬占比过低的原因及相关因素。

(一)模型构建①

在教育经费支出结构中，教职工薪酬支出最为刚性，弹性最小，这一指标能较好地反映教育经费支出状况。分析教职工薪酬占比与相关变量的关系，有助于了解好的经费支出结构②受什么因素影响，且相关性如何，从而为我国经费支出结构提供建议。基于此，选择高校教职工薪酬占比作为被解释变量，用 TSP 表示；选择高等教育支出占 GDP 比重、高等教育支出占政府总支出比重、人均 GDP 自然对数、高等教育毛入学率、高校生师比、国家年平均劳动力价格变量作为解释变量，对应的假设和字母代号如表 3-36 所示。

表 3-36　解释变量定义

假设	数据	模型变量
国家对高等教育重视程度/努力程度 （决定高校经费充足性的一个方面）	高等教育支出占 GDP 比重	$TPGDP$
	高等教育支出占政府总支出比重	$TPGOV$
国家经济发展水平 （决定高校经费充足性的一个方面）	人均 GDP 自然对数 （ln(GDP)）	$\ln PGDP$
高等教育发展规模	高等教育毛入学率	$TGER$
教职工人数	高校生师比	STR
教职工薪酬	国家年平均劳动力价格 国家劳动力（月工资×12/人均 GDP）	$avela\,price$

---

① 通过 UNESCO、OECD 官网、OCED 教育发展概况统计系列出版物《教育概览》(*Education at a Glance*)及国际劳工组织数据网，得到 1998—2015 年高等教育支出占 GDP 比重、高等教育支出占政府总支出比重、人均 GDP(美元)、高等教育毛入学率、高校生师比、国家劳动力月工资(当地货币)、各国 GDP(国际货币)、各国总人口数据。剔除缺失值过多的国家和异常值后得到 36 个"一带一路"样本国数据和 23 个 OECD 样本国数据。其中"一带一路"样本国为：阿富汗、亚美尼亚、阿塞拜疆、孟加拉国、白俄罗斯、保加利亚、克罗地亚、塞浦路斯、捷克、爱沙尼亚、希腊、匈牙利、印度尼西亚、以色列、哈萨克斯坦、科威特、吉尔吉斯斯坦、老挝、拉脱维亚、黎巴嫩、立陶宛、马来西亚、马尔代夫、尼泊尔、菲律宾、波兰、摩尔多瓦、罗马尼亚、俄罗斯、塞尔维亚、斯洛伐克、斯洛文尼亚、斯里兰卡、泰国、土耳其和越南。OECD 样本国为：爱尔兰、奥地利、澳大利亚、比利时、冰岛、丹麦、德国、法国、芬兰、韩国、荷兰、加拿大、卢森堡、美国、墨西哥、挪威、葡萄牙、日本、瑞典、瑞士、西班牙、意大利和智利。

② 此处"好的经费支出结构"指国际上经费支出结构的普遍趋势。

采用面板数据回归模型，回归方程如下：

$$TSP = \alpha + \beta TPGDP + \omega \ln PGDP + \nu TGER + \theta STR + \eta avela price + \varepsilon （ I ）$$

$$TSP = \alpha + \beta TPGOV + \omega \ln PGDP + \nu TGER + \theta STR + \eta avela price + \varepsilon （ II ）$$

高等教育支出占 GDP 比重与高等教育支出占政府总支出比重在一定程度上表明国家对高等教育的重视，反映经费的充足程度，同时，国家越重视高等教育，其经费充足性的保障强度越高。然而，因为各国高校经费主要来源有差异，公私立高校数量有差异，以及相应的私立学校政府政策有差异等，两类数据在公立高校经费充足程度的代表性上略有不同，所以此处选用两个变量分别进行回归。

（二）实证结果

表 3-37　1998—2015 年"一带一路"沿线国、OECD 成员国描述性统计结果

变量	"一带一路"沿线国数据				OECD 成员国数据			
	均值	标准差	最小值	最大值	均值	标准差	最小值	最大值
TSP	0.5504	0.1721	0.0300	1.0000	0.6012	0.0952	0.2709	0.8861
$TPGDP$	0.8570	0.4263	0.1736	2.6240	1.2039	0.4366	0.3059	2.6396
$TPGOV$	2.5018	1.1676	0.51119	8.6257	2.8818	0.8860	0.0103	5.4213
$\ln PGDP$	8.3060	1.3384	4.9429	10.9253	10.1078	0.7817	7.9903	11.6888
$TGER$	0.4471	0.2232	0.0126	1.1387	0.6224	0.1875	0.0899	1.1387
STR	17.803	7.1647	4.9864	60.0097	15.0505	6.2289	3.7585	44.5062
$avela price$	0.9936	0.4301	0.4134	2.7214	0.8815	0.2689	0.4134	2.3587

表 3-38　1998—2015 年"一带一路"沿线国、OECD 成员国描述性统计结果（总）

变量	均值	标准差	最小值	最大值
TSP	0.5859	0.1410	0.03	1
$TPGDP$	1.0501	0.5012	0.1736	2.6396
$TPGOV$	2.7641	1.1113	0.0103	8.6257
$\ln PGDP$	9.1302	1.5189	4.9429	11.6888
$TGER$	0.5212	0.2290	0.0126	1.1387
STR	15.6438	6.6367	3.7585	60.0097
$avela price$	0.9777	0.4009	0.4134	2.7214

表 3-37、表 3-38 表示 1998—2015 年"一带一路"沿线国、OECD 成员国数据

汇总后的描述性统计结果。"一带一路"沿线国代表世界一般水平(与 OECD 成员国相比)，OECD 成员国代表世界较高水平，总数据("一带一路"沿线国和 OECD 成员国数据汇总)代表国际平均水平。

表 3-33 显示 OECD 成员国除国家年平均劳动力价格和生师比低于"一带一路"沿线国外，教职工薪酬占比、高等教育支出占 GDP 比重、高等教育支出占政府总支出比重、人均 GDP 自然对数、高等教育毛入学率都略高于"一带一路"沿线国，故在整体上，OECD 成员国水平略高于"一带一路"沿线国。从总数据看，国际教职工薪酬占比约为 58.6%；高等教育支出占 GDP 比重约为 105%，高等教育支出占政府总支出的比重约为 276%，这在一定程度上反映了国际上高校经费的来源渠道更为多元，对政府的依赖程度较低，同时也表明国家对高等教育的重视程度较高，经费较为充足；平均毛入学率约为 52.12%，从最小值看，毛入学率仅约为 1.26%，这可能与数据有关，也在一定程度上反映了国际上仍有部分国家高等教育发展规模较小；国家年均劳动力价格占人均 GDP 比值约为 1，因为数据选用的是全国各经济活动下劳动力平均工资，各领域工资差别较大，故较其他变量的代表性，这一数据的代表性较弱。

表 3-39　"一带一路"沿线国变量方差膨胀因子

变量	式(Ⅰ)		式(Ⅱ)	
	方差膨胀因子(VIF)	1/VIF①	方差膨胀因子(VIF)	1/VIF
$TPGDP$	1.23	0.8150	—	—
$TPGOV$	—	—	1.09	0.9211
$lnPGDP$	2.45	0.4081	2.17	0.4605
$TGER$	1.42	0.7050	1.49	0.6713
STR	1.12	0.8924	1.15	0.8719
$avelaprice$	1.85	0.5414	1.65	0.6077
平均 VIF	1.61		1.51	

---

① 1/VIF 值是一个解释变量对其他解释变量的回归后得到的 $1-R^2$，如 $TPGDP$ 的 1/VIF 是 $TPGDP$ 对 $TPGOV$、$lnPGDP$、$TGER$、STR、$avelaprice$ 进行回归后得到的 $1-R^2$，其数值越小，说明该变量与其他变量有越严重的共线性问题。当数据同时满足最大 VIF 大于 10、平均 VIF 大于 1 时，判断其为多重共线性。

表 3-40　OECD 成员国变量方差膨胀因子

变量	式（Ⅰ）		式（Ⅱ）	
	方差膨胀因子（VIF）	1/VIF	方差膨胀因子（VIF）	1/VIF
TPGDP	1.63	0.6143	—	—
TPGOV	—	—	1.17	0.8547
lnPGDP	2.64	0.3787	2.61	0.3836
TGER	2.46	0.4064	2.50	0.4002
STR	1.76	0.5667	1.96	0.5094
avelaprice	1.24	0.8046	1.24	0.8065
平均 VIF	1.95		1.90	

表 3-41　"一带一路"沿线国、OECD 成员国变量方差膨胀因子（总）

变量	式（Ⅰ）		式（Ⅱ）	
	方差膨胀因子（VIF）	1/VIF	方差膨胀因子（VIF）	1/VIF
TPGDP	1.44	0.6959	—	—
TPGOV	—	—	1.06	0.9430
lnPGDP	2.83	0.3531	2.52	0.3974
TGER	1.88	0.5330	1.92	0.5211
STR	1.33	0.7523	1.34	0.7482
avelaprice	1.38	0.7254	1.27	0.7885
平均 VIF	1.77		1.62	

　　为检验"一带一路"沿线国、OECD 成员国及总数据在式（Ⅰ）、式（Ⅱ）中是否存在多重共线性，本书选用方差膨胀因子确定解释变量之间的依赖程度。表 3-39、表 3-40、表 3-41 分别为三者的方差膨胀因子。由表中数据可知，虽然三者的平均 VIF 都大于 1，但三者的最大 VIF 均未大于 10，没有同时满足多重共线性标准，故数据不存在多重共线性问题。

　　因为数据为面板数据，所以研究将借助豪斯曼检验，对固定效应模型和随机效应模型估计结果进行差异显著性检验，确定较合适的模型。"一带一路"沿线国数据检验结果为：式（Ⅰ）、式（Ⅱ）在10％的水平上仍接受原假设，故选用RE模型，即随机效应回归模型。OECD成员国检验结果显示：式（Ⅰ）在1％的水平上拒绝原假设，故选用FE模型，即固定效应回归模型；式（Ⅱ）在1％水平上接受原假设，在5％的水平上拒绝原假设，故选用FE和RE两个模型，以更全面地观察变量显著性。总数据仅在10％水平上拒绝原假设，故选用RE模型。因为数据时间跨度较大（1998—2015年），各变量年份和国家完全对应的数据非常少，缺失值较多，所以更倾向于选用随机效应回归模型。

表3-42　"一带一路"沿线国、OECD成员国及总数据的面板数据回归模型①

	"一带一路"沿线国		OECD 成员国			总数据	
	回归 1 (FE)	回归 2 (RE)	回归 3 (RE)	回归 4 (RE)	回归 5 (FE)	回归 6 (RE)	回归 7 (RE)
$TPGDP$	—	—	−0.0960*** (0.0354)	—	−0.143*** (0.0411)	−0.0786*** (0.0284)	—
$TPGOV$	−0.0748*** (0.0162)	—	−0.0328** (0.0134)	—	−0.0495*** (0.0149)	—	−0.0353*** (0.0107)
$lnPGDP$	−0.0562*** (0.0208)	−0.0841*** (0.0235)	−0.0856*** (0.0235)	−0.0497** (0.0216)	−0.0420** (0.0188)	−0.0358** (0.0166)	−0.0436*** (0.0161)
$TGER$	0.286*** (0.104)	0.667*** (0.123)	0.638*** (0.124)	0.264** (0.106)	0.234** (0.0937)	0.397*** (0.0863)	0.427*** (0.0859)
STR	−0.00389 (0.00281)	−0.0145*** (0.00286)	−0.0138*** (0.00291)	−0.00353 (0.00291)	−0.00481* (0.00256)	−0.00983*** (0.00219)	−0.0102*** (0.00216)
$avelaprice$	0.0327 (0.0379)	0.0416 (0.0368)	0.0994** (0.0431)	0.0860** (0.0432)	0.0432 (0.0388)	0.0900*** (0.0309)	0.0846*** (0.0303)
$\_cons$	1.216*** (0.170)	1.058*** (0.161)	1.187*** (0.199)	1.216*** (0.200)	1.106*** (0.172)	0.838*** (0.145)	0.929*** (0.143)
样本数	144	148	137	137	148	220	216
R^2	0.232	—	—	—	0.171	—	—

————————

① 注：括号里的数字为标准误；* 表示 $p<0.1$，** 表示 $p<0.05$，*** 表示 $p<0.01$。

表 3-42 为"一带一路"沿线国、OECD 成员国及总数据的面板数据回归模型：回归 1 为"一带一路"沿线国基于式（Ⅰ）的随机效应回归模型，回归 2 为"一带一路"沿线国基于式（Ⅱ）的随机效应模型，回归 3 为 OECD 成员国基于式（Ⅰ）的固定效应回归模型，回归 4 为 OECD 成员国基于式（Ⅱ）的固定效应模型，回归 5 为 OECD 成员国基于式（Ⅱ）的随机效应回归模型，回归 6 为总数据基于式（Ⅰ）随机效应模型，回归 7 为总数据基于式（Ⅱ）的随机效应模型。

从回归结果看，教职工薪酬占比与高等教育支出占 GDP 比重、高等教育支出占政府总支出比重和人均 GDP 自然对数存在显著负相关，教职工薪酬占比与高等教育毛入学率存在显著正相关。在"一带一路"沿线国和总数据中，教职工薪酬占比与国家年平均劳动力价格存在显著正相关，与高校生师比显著负相关。在变量为高校财政支出占政府总支出的 OECD 成员国随机效应模型中（回归 5），教职工薪酬占比与高校生师比也存在显著负相关，但仅在 10% 水平上显著。

从国际平均水平看（回归 6、回归 7），在其他条件相同时，高等教育支出占 GDP 比重每增加一个百分点，教职工薪酬占比下降约 0.08 个百分点；高等教育支出占政府总支出比重每增加一个百分点，教职工薪酬占比下降约 0.04 个百分点。这表明经费越充足，教职工薪酬占比越低。人均 GDP 自然对数每增加一个百分点，教职工薪酬占比下降约 0.04 个百分点，即国家越发达，教职工薪酬占比越低。高等教育毛入学率每增加一个百分点，教职工薪酬占比上升约 0.4%，这表明高等教育发展规模大，所需的教职工投入越多，教职工薪酬占比越大。高校生师比数据显示，每位教师多承担一名学生，教职工薪酬占比下降 0.01%，这在一定程度上表明在经费有限的情况下，可通过调节生师比，调整教职工薪酬占比，维持基本教学；经费充足、经济发达的国家的高等教育生师比较低，这与 OECD 成员国平均高等教育生师比约为 15、"一带一路"沿线国平均高等教育生师比约为 18 相符合（表 3-32）。国家年平均劳动力价格每上升 1%，教职工薪酬占比上升约 0.09%。结合高校生师比和国家年平均劳动力价格，我们可以发现教职工薪酬占比与教师数量和薪酬数量均有关。

(三)小　结

高校教职工薪酬占比与教育经费的充足程度呈显著负相关。高等教育经费充足性可以从两方面得以体现：一个是国家对高等教育的重视程度，量化为高等教育支出占 GDP 比重和高等教育支出占政府总支出比重；另一个是国家的经济发展水平，量化为人均 GDP 自然对数。在模型中，3 个变量均为显著负相关，这表明经费越充足，薪酬占比越低。

高校教职工薪酬占比与国家高等教育发展规模呈显著正相关。量化指标为高等教育毛入学率，国家高等教育发展规模越大，高等教育毛入学率越高，对人、财、物的需求越大，教职工薪酬占比越高。

高校教职工薪酬占比与高等教育生师比呈显著负相关，与国家年平均劳动力价格呈显著正相关。平均一位教职人员承担的学生越多，所需的人力越少，教职工薪酬占比越低；国家平均劳动力价格越高，人员经费越高，教职工薪酬占比也越高。由于"一带一路"沿线国表示国际一般水平，总数据表示国际平均水平，OECD 成员国表示国际较高水平，在模型中，OECD 成员国数据里的高校生师比与薪酬占比不显著，故推测高校生师比还与经济发展水平有关：随着国家的发展，当经济水平不断提升、高校生师比趋于合理范围且较稳定时，该指标对教职工薪酬占比的影响将不显著。

(四)对中国各指标值的再思考

为了直观比较，需要选用相同的指标。在国际比较中，若选用国内教育、经济双发达省份与 OECD 成员国比较，选用"一带一路"省份与"一带一路"沿线国比较，则指标的统计口径上存在较大的出入。例如，高等教育支出占 GDP 比重的 GDP 为国家单位，而选用教育、经济双发达省份、"一带一路"省份，指标分子为省级单位，分母为国家单位比；此外，高等教育毛入学率、高校生师比等数据也仅能获得国家层面数据。故此处选用同一统计口径的中国平均水平与国际平均水平进行比较。

从国内相关年鉴和中国经济社会大数据研究平台中获得 1998—2015 年教育国有单位在岗职工平均年工资、普通高校生师比、中国人均 GDP、高等教育毛入学率、我国的 GDP、普通高等学校教育经费支出、国家财政总支出等数据。整理从国内渠道获得的数据，计算发现，国际数据和国内数据存在一定的差距，这可能是因为国际测算方式不同，故此处仅做描述性比较，不做量化对比。

表 3-43　1998—2015 年国内外教职工薪酬占比影响因素值比较①

年份	TSP（%）		TPGDP（%）		TPGOV（%）		毛入学率（%）		生师比		平均劳动力价格	
	中国	国际	中国	国际	中国	国际	中国	国际	中国	国际	中国	国际
1998	34.45	58.62	0.61	1.02	4.80	2.60	9.8	39.8	11.62	15.07	—	1.12
1999	33.43	60.29	0.74	1.00	5.04	2.45	10.5	40.52	13.37	15.84	1.18	1.07
2000	34.15	58.51	0.87	0.97	5.46	2.66	12.5	42.62	16.3	15.54	—	0.95
2001	35.35	57.85	1.02	1.01	5.93	2.69	13.3	43.62	18.22	16.03	1.32	0.99
2002	35.18	58.06	1.16	1.04	6.34	2.78	15	45.84	19	15.91	1.41	0.91
2003	33.59	59.07	1.25	1.11	6.95	2.87	17	47.19	17	15.75	—	1.06
2004	33.83	60.77	1.26	1.06	7.09	2.85	19	50.41	16.22	15.05	1.33	0.94
2005	34.80	61.58	1.25	1.08	6.86	2.86	21	53.12	16.85	15.89	1.31	1.02
2006	35.55	60.06	1.19	1.09	6.41	3.00	22	52.83	17.93	15.78	1.28	1.03
2007	25.54	60.03	1.30	1.05	7.02	2.81	23	54.47	17.28	15.62	1.29	0.94
2008	24.26	61.04	1.30	1.03	6.57	2.77	23.3	53.67	17.23	15.71	1.27	1.00
2009	24.66	59.55	1.31	1.08	5.92	2.71	24.2	55.83	17.27	15.67	1.36	1.03
2010	24.00	60.81	1.27	1.07	5.80	2.67	26.5	58.13	17.33	14.88	1.30	0.95
2011	22.28	57.60	1.35	1.09	5.97	2.78	26.9	58.77	17.42	16.12	1.23	0.94
2012	22.77	55.82	1.38	1.06	5.87	2.85	30	60.44	17.52	14.96	1.24	0.91
2013	25.47	56.47	1.28	1.10	5.38	2.85	34.5	60.92	17.53	17.30	1.27	0.96
2014	27.61	53.77	1.24	1.01	5.17	2.68	37.5	58.87	17.68	15.93	—	0.97
2015	29.13	45.56	1.29	0.79	—	2.76	40	60.17	17.73	13.37	—	0.93
平均	29.78	58.59	1.17	1.05	6.03	2.76	22.56	52.12	16.86	15.64	1.29	0.98

　　由表 3-43 可看到，1998—2011 年我国教职工薪酬占比整体呈下降趋势，虽然从 2011 年起，教职工薪酬占比呈上升趋势，但仍远低于国际平均水平，总平均约低 29 个百分点。上面的实证分析得到，教职工薪酬占比与高等教育支出占GDP 比重、高等教育支出占政府总支出比重、毛入学率、高校生师比和国家年平均劳动力价格显著相关。

---

　　① 国际代表世界平均水平，为 OECD 成员国和"一带一路"沿线国汇总后的数据；中国的平均劳动力价格根据中国教育国有单位在岗职工平均年工资计算所得，国际平均劳动力价格根据国家各经济活动劳动力年均薪酬计算所得。

　　对比国际数据发现，我国的高等教育支出占政府总支出比重明显偏高，与国际获得的中国数据中的高等教育支出占政府总支出比重也相差较大，考虑可能与国际测算方法差异较大有关，故比较高等教育支出 GDP 比重。仅从影响因素看：高等教育支出 GDP 比重与薪酬占比呈显著负相关，我国的高等教育支出 GDP 比重略高于国际平均水平，高等教育支出 GDP 比重高，反映教育经费相对充足，薪酬占比较低，符合我国的薪酬占比情况。虽然我国高等教育毛入学率逐年上升，但仍远低于国际平均水平，高等教育毛入学率与教职工薪酬占比呈显著正相关。我国高等教育毛入学率偏低，教职工薪酬占比偏低，符合我国的偏低情况。同样，高校生师比与教职工薪酬占比呈显著负相关，我国高等教育生师比略高于国际水平，符合占比情况。我国国家年平均劳动力价格选取的是教育行业价格，而国际为各行业劳动力平均价格，故无法判断高低。

　　我国教职工薪酬远低于国际平均水平，除高等教育毛入学率较国际平均水平差异略大外，其他指标差异较小，故国际教职工薪酬占比的显著影响因素在一定程度上能解释我国教职工薪酬占比偏低的状况，但能否完全解释这一现象，有待进一步分析。基于此，选用高等教育支出占 GDP 比重（高等教育支出占政府总支出比重的国内、国际测算方法可能差异较大），即式（Ⅰ），将我国 1998—2015 年的数据代入，以便更直观地了解影响因素对中国教职工薪酬占比偏低的解释力度，带入后得到表 3-44 和图 3-22。观察发现：中国模拟值高于实际值，说明我国教职工教育经费偏低，除了与显著影响因素有关外，还有其他原因，这主要和我国的国情（相关政策等其他因素）有关；中国模拟值仍低于国际水平，表明显著影响因素对我国占比偏低有一定的解释力，说明除了在相关政策（国情）范围内改善外，在显著影响因素上也仍需进一步改善；中国实际值较中国模拟值变化波动大，轨迹不一致，这一现象存在两种可能性解释，即之前已有国情发生变化，故波动较大，或是新的国情对占比产生了较大影响。同时，实际值波动比模拟值波动大，也说明除量化的影响因素外，教职工薪酬占比还受多种因素影响，现实生活中的因素远比模型复杂，模型分析只能作为参考，不能作为绝对标准。

表 3-44 1998—2015 年中国教职工薪酬占比实际值与模拟值

	1998	1999	2000	2001	2002	2003	2004	2005	2006
实际值	34.45	33.43	34.15	35.35	35.18	33.59	33.83	34.80	35.55
模拟值	50.57	47.93	44.50	42.66	41.99	43.61	43.80	43.38	42.38
	2007	2008	2009	2010	2011	2012	2013	2014	2015
实际值	25.54	24.26	24.66	24.00	22.28	22.77	25.47	27.61	29.13
模拟值	41.93	41.34	42.10	42.13	40.37	41.00	43.65	44.61	44.95

图 3-22 1998—2015 年中外教职工薪酬占比

三、高等教育经费支出结构的优化建议

通过实证模型，得到教职工薪酬占比与高等教育支出占 GDP 比重、高等教育支出占政府总支出比重、人均 GDP 自然对数、高等教育生师比存在显著负相关，教职工薪酬占比与高校毛入学率、国家年平均劳动力价格显著正相关。结合模型结论，分析中国数据，发现相关影响因素可以解释中国教职工薪酬占比偏低原因。但由于中国各指标数据与国际平均水平相差不大，而教职工薪酬占比却远低于平均水平，影响因素的解释力度有限，因此过低的原因值得进一步分析。借助得到的模型方程，将我国的数据代入，发现教职工薪酬占比值有所提升，但仍低于国际水平，这进一步表明相关影响因素可以解释偏低的原因，但中国的模型模拟值与实际值差距较大，说明除模型影响因素外，还有其他原

因导致中国教职工薪酬占比过低，这类原因可能与中国的国情有关。基于此，本书从模型影响因素和国情两个思路出发为经费支出结构的优化提供如下建议。

进一步提升教职工工资，提高教职工福利待遇。有研究借助教职工平均工资与人均 GDP 之比分析我国教职工工资，发现我国对教职工工资的经费投入增长速度明显慢于整个教育财政投入的增长速度，教职工名义工资增幅明显，但与同期居民消费价格指数(CPI)相比，教职工实际增长工资大部分都与物价上涨相抵消，教职工工资的实际购买力并未显著增强。从总体看，我国教职工工资虽有增长，但仍偏低。[①] 我国高校教育的稳健发展离不开高质量的教师队伍建设，人员的薪酬待遇是吸引人才的重要手段之一。此外，较高的生师比也说明我国教职工的工作量更大，教职工所需要投入的精力更多，多劳多得也表明应进一步提升教职工工资，保障教职工待遇，以吸引和留住人才，保障高等教育质量的稳步提升。

进一步加大对普通高校的经费投入。虽然从高等教育支出占 GDP 比重看，我国高校经费达到了国际平均水平，但从高校毛入学率和高等教育生师比看，一方面，我国毛入学率偏低且呈下降趋势，国际毛入学率趋于稳定，这反映出我国高等教育仍处于发展阶段，故现有的经费不能满足逐渐发展的高等教育，投入仍需加大；另一方面，我国高等教育生师比偏高，与教职工薪酬占比呈负相关，结合高校毛入学率发现，在学生数量不断增加的情况下，降低高等教育生师比，主要应增加教职工人数，故需加大对高等教育的经费投入。此外，随着我国教育对外开放程度加大，"一带一路"建设逐步推进，来华留学生的增多和孔子学院的建立，高等教育的国际合作交流日益频繁，这既反映了国家对高等教育更为重视，又表明了高等教育建设的经费需求较大，故加大高等教育的经费投入势在必行。

进一步加大对"一带一路"省份的资源倾斜，推动"一带一路"省份高等教育经费结构的完善。在国内比较部分，研究发现"一带一路"省份高等教育经费支

---

① 唐一鹏、胡咏梅：《我国义务教育阶段教师工资制度框架设计——经济学和管理学的视角》，载《教师教育研究》，2013(4)。

出低于全国平均水平和教育、经济双发达省份平均水平，人员经费占比高于全国平均水平和教育、经济双发达省份平均水平，这反映"一带一路"省份高等教育经费支出结构有待进一步完善。在"一带一路"的推动下，相关省份发展趋势大好。经济的发展在一定程度上能推动教育的发展，同时，教育的发展也能促进经济的提升。对于发展势头较好的相关省份，基于"一带一路"政策，政府可进一步加大对其的资源倾斜，鼓励其改革与创新高等教育，转变教育理念，加强与国内高水平地区和国际的交流学习，使其提高高等教育经费筹措能力，吸引优质人才，完善经费支出结构，促进高等教育高速、稳健发展。

完善后勤改革方案，推动高校后勤系统社会化发展。在基建经费低于3％且仍呈下降趋势的情况下，我国人员经费偏低，主要原因为公用经费比重较高。在我国的教育经费分类中，公用经费包括购买学校日常运行所需支出和其他资本性支出。其中高校后勤系统中的宿舍管理经费，包括宿舍保洁经费、宿舍管理员经费；食堂餐饮服务经费，包括食堂管理人员经费和工作人员经费；校园安全管理经费，包括校园安保人员经费和校园巡视人员经费等，都属于学校日常运行所需支出中的一部分，属于公用经费。精简高校后勤系统，完善后勤社会化程度，将有效减少公用经费支出，促进经费支出结构的完善。自《关于进一步加快高等学校后勤社会化改革的意见》文件出台以来，国内高校后勤系统改革确实有所成效，部分高校将食堂餐饮、宿舍管理等外包给第三方机构，进一步优化、完善了高校经费支出结构。但各高校后勤的社会化程度存在差异，部分高校的食堂、宿舍等服务仍主要由高校提供，社会化程度不高。此外，后勤社会化伴随而来的民事责任承担、法人治理结构等问题凸显，阻碍了高校后勤社会化改革。基于此，我们可借鉴国外经验，将法律保障、职责界定、安全管理等纳入考虑范围，进一步完善后勤改革方案，鼓励高校购买第三方服务，以保障和促进后勤社会化改革，推进高等教育现代化建设，促进经费结构的完善。

优化经费拨款制度，加大基本支出分配的灵活性。政府对高校的财政拨款主要有两种：一是基本支出预算，二是项目支出预算。基本支出预算是为了保障学校正常运行和管理的拨款，根据人数按定员定额拨款，灵活性差，教职工薪酬就在其中。项目支出预算主要是为了完成特定工作或为了某项发展性目标拨付的专项资金，分配方式较灵活。① 为提高高校竞争力，提升高校教科研水平，鼓励高校发展，高校财政拨款制度在项目支出预算上不断调整。2015 年，在中央高校预算拨款制改革中，基本支出与项目支出比例调整为 6：4。尽管我国高等教育已由扩招转为内涵式发展，但本书在国际比较部分了解到，我国高校毛入学率有上升趋势，高等教育生师比有下降趋势，且随着高等教育的发展，高校师生数近几年内仍会增加，故对高等教育经费的需求增大。虽然我国高等教育经费逐年递增，但随着项目支出占比的增加，压缩了基本支出预算的经费增长幅度，加之基本支出条目过多，可自由分配资金有限，灵活性不高，导致经费增加对教职工薪酬占比的变化影响减小，教职工薪酬占比仍过低，不利于高等教育的整体发展。基于此，研究认为在合理范围内，应进一步调整基本支出条目，给予更多的灵活性，从而提高教职工薪酬，改进高等教育经费结构。

---

① “改革完善中央高校经费投入机制研究”课题组：《中央直属高校财政拨款模式的历史变迁与改革思路》，载《华中师范大学学报（人文社会科学版）》，2014(6)。

• 第四章

我国高等教育内涵式发展的质量与效益分析

第一节　高校办学的综合质量评价指标研究

随着知识经济及互联网时代的到来，高等教育在全球范围内的联系不断加强，各个国家及地区开始关注高等院校的评价分析。大学排名是评价高等教育的重要形式，其参选学校、设计理念和指标体系等受到社会各界的重视。其中，US News、QS、THE、ARWU 因公布时间长、数据来源权威、影响范围广，被公认为世界四大大学排名。本节通过梳理、分析四大排名指标体系的内容，希望能够为大学排名指标体系的优化、修改提供新的思路与方向。

一、世界四大大学排名指标体系分析

US News 世界大学排名是于 2014 年推出的全球性大学排名。其指标体系分

为 3 个一级指标：声誉影响(25%)、科研水平(65%)和国际合作(10%)，共包括
13 个二级指标，分别为：全球研究声誉、区域研究声誉、论文发表数、学术著作
数、会议论文数、标准化引用影响力、论文总被引数、前 10%高被引论文数、前
10%高被引论文比例、ESI① 前 1%学科领域中的高被引论文数、前 1%被引论文
所占出版比例、与国际作者共同发表的研究论文比例、该校国际合作论文所占比
例/所在国家国际合作论文所占比例(见表 4-1)。其中，科研水平的二级指标共计 9
个，平均权重超过 7%，可见该排名对于科研成果有着全面的考量，注重科学
研究。

表 4-1 世界四大大学排名的指标体系对比汇总②

一级指标	二级指标	US News	QS	THE	ARWU
声誉影响	全球研究声誉	12.5%	—	—	—
	区域研究声誉	12.5%	—	—	—
	教学声誉	—	—	15%	—
	科研声誉	—	—	18%	—
	学术声誉	—	40%	—	—
	雇主声誉	—	10%	—	—
师资队伍	生师比	—	20%	4.5%	—
	获得诺贝尔奖和菲尔兹奖的教师折合数(2)	—	—	—	20%
	高被引学者数(3)	—	—	—	20%
	(1)(2)(3)(4)(5)得分的师均值	—	—	—	10%
	师均博士学位授予数	—	—	6%	

<hr>

① ESI 指代基本科学指标数据库(Essential Science Indicators)，是由世界著名的学术信息
出版机构美国科技信息研究所(ISI)推出的衡量科学研究绩效、跟踪科学发展趋势的基本分析评
价工具。

② 里瑟琦智库：《一文了解国际四大排名指标体系》，http：//www.idmresearch.com/
news/html/？2428.html，2019-05-11。

一级指标	二级指标	US News	QS	THE	ARWU
教学质量	获得诺贝尔奖和菲尔兹奖的校友折合数[1]	—	—	—	10%
	博士学位授予数/学士学位授予数	—	—	2.25%	—
科研水平	发表论文数[5]	10%	—	—	20%
	师均发表论文数	—	—	6%	—
	学术著作数	2.5%	—	—	—
	会议论文数	2.5%	—	—	—
	标准化引用影响力	10%	—	—	—
	论文总被引数	7.5%	—	—	—
	前10%高被引论文数	12.5%	—	—	—
	前10%高被引论文比例	10%	—	—	—
	ESI前1%学科领域中的高被引论文数	5%	—	—	—
	前1%被引论文所占出版比例	5%	—	—	—
	师均论文引用数	—	20%	—	—
	篇均被引数	—	—	30%	—
	在 Nature 和 Science 上发表论文的折合数[4]	—	—	—	20%
国际合作	国际教师数/国内教师数	—	—	2.5%	—
	国际学生数/国内学生数	—	—	2.5%	—
	国际学生/总学生数	—	5%	—	—
	国际教师/总教师数	—	5%	—	—
	与国际作者共同发表的研究论文比例	5%	—	2.5%	—
	该校国际合作论文所占比例/所在国家国际合作论文所占比例	5%	—	—	—

一级指标	二级指标	US News	QS	THE	ARWU
行业收入	师均学校经费	—	—	2.25%	—
	师均研究经费	—	—	6%	—
	创新发明以及促进产业发展而取得的科研收入	—	—	2.5%	—

QS 世界大学排名于 2004 年第一次发布,经过不断合作、独立变革之后,2014 年 QS 开始稳定独立地发布 QS 世界大学排名,并于每年 9 月进行排名更新。排名设置了声誉影响(50%)、教学质量(20%)、科研水平(20%)及国际合作(10%)4 个一级指标,下分为学术领域的(学术声誉)、雇主声誉、生师比、师均论文引用数、国际学生/总学生数、国际教师/总教师数 6 个二级指标(见表 4-1)。QS 世界大学排名较为看重主观性评价指标。在所有二级指标当中,学术领域的学术声誉权重为 40%,且来源于全球各地超过 70000 名行业内部人员的学术声誉调查极富权威性。

THE 世界大学排名于 2010 年与 QS 分开,重新设计指标体系,开始独立发布世界大学排名。该世界大学排名包含了 6 个一级指标:声誉影响(33%)、师资水平(10.5%)、科研水平(36%)、国际合作(7.5%)和行业收入(10.75%)。二级指标包括:教学声誉、科研声誉、生师比、师均博士学位授予数、博士学位授予数/学士学位授予数、师均发表论文数、篇均被引数、国际教师数/国内教师数、国际学生数/国内学生数、与国际作者共同发表的研究论文比例、师均学校经费、师均研究经费、创新发明以及促进产业发展而取得的科研收入,共 13 项(见表 4-1)。THE 世界大学排名考察了高等院校的基本功能,包括教学质量、科研水平及社会服务,是四大世界大学排名当中较为全面和均衡的。

我国发布的 ARWU 世界大学学术排名始于 2003 年,是全球发布时间最早、持续时间最长、评选指标最为稳定的世界大学排名。该排名主要参考国际上具有可比性的科研成果及学术绩效,因此该排名的指标仅涉及高等院校科研领域。一级指标为师资队伍(50%)、教学质量(10%)、科研水平(40%),二级指标包括获得诺贝尔奖和菲尔兹奖的教师折合数,高被引学者数,获得诺贝尔奖和菲尔兹奖的校友折合数，在 *Nature*《自然》和 *Science*《科学》上发表论文的折合数，在 SCIE(Science Citation Index Expand，社会科学引文索引扩展版)、SSCI(Social Sciences Citation Index，社会科学引文索引)上发表的论文数和上述 5 项指标得分的师均值，共 6 项。表 4-1 中该排名所使用的指标及权重设置表明排名更加关注自然科学研究，这使得理工类尤其以自然科学为主的高等院校往往能在该排名中取得较好的名次。

二、基于绩效角度分析世界四大大学排名指标体系

表 4-2　世界四大大学排名关于绩效的指标权重对比

世界大学排名	教育投入	教育过程	教育直接产出	教育间接产出
US News	—	—	75%	25%
QS	30%	—	20%	50%
THE	23.75%		43.25%	33%
ARWU	50%		50%	—

绩效是效益性、效率性和有效性的统称，其指标通常包括社会效益、经济效益及教育对象满意度。高等院校教育活动的开展从绩效的角度来看，可分为教育投入、教育过程、教育直接产出和教育间接产出四部分。教育投入是指用于提供教育服务所使用的资源，包括人力、物力和财力；教育过程是指取得投入后提供产出或成果的方式；教育直接产出是指教育机构获得投入后通过一定方式提供给学生的教育服务；教育间接产出是指通过产出所要实现的目的，也就是一项活动最终取得的成绩是什么，反映了相关活动的社会影响。世界四大大学排名关于绩效的指标权重对比见表 4-2。

这四部分内容基本代表了大学教育活动的全过程，体现了逻辑上的前后因果关系。因此，基于绩效角度分析世界四大大学排名的指标体系，可以判断备受社会关注的世界大学排名是否考察到了大学教育活动的特有规律，能否较好地反映大学办学的绩效。

(一)基于教育投入指标分析

教育投入中的人力、财力和物力这三类资源的配置结构随着教育类型、学科专业额、教育发展阶段、教育规模、工资水平、教育技术条件等变化而变化。① 高等教育对物质技术条件的要求往往较高,理工科相对于人文社会学科来说也需要更多的物质资本投资。②

在大学排名中,教育投入的人力投入一般是指高等院校的教学规模与教师质量,在四大排名当中,相关指标包括生师比、获得诺贝尔奖和菲尔兹奖的教师折合数、高被引学者数、国际教师数/国际学生数等。教育投入的财力投入通常为教育经费投入。教育投入的物力投入主要是指办学条件中具有长期使用价值的存量资产和固定资产,如生均校舍面积、生均固定资产总值、生均专用设备值及生均图书数等。在本节所分析的世界四大大学排名中,除 THE 世界大学排名外,其他排名均不涉及财力、物力投入,原因在于各个国家地区、高校之间的政治、经济、文化背景差异较大,难以进行合理客观的全面评价。

表 4-3　世界四大大学排名关于人力投入的相关指标频数及权重

类别	指标(频数)	US News	QS(30%)	THE(15.5%)	ARWU(50%)
人力投入	教学规模(5)	—	3	3	—
	教师质量(4)	—	—	1	3
合计		—	3	4	3

注:频数指对应类型指标在各排名体系中出现的具体次数。

由于不同排名指标名称不同,但内容相近,因此为了便于统计梳理,本节将四大排名当中有关人力投入的指标进行归类:生师比、国际教师数/国内教师数、国际学生数/国内学生数、国际学生数/总学生数、国际教师数/总学生数合称为"教学规模",师均博士学位授予数、获得诺贝尔奖和菲尔兹奖的教师折合

①　成刚:《更多的教育投入能带来更好的教育吗?》,载《北京师范大学学报(社会科学版)》,2019(2)。

②　陈晓宇:《我国教育经费结构:回顾与展望》,载《教育与经济》,2012(1)。

数、高被引学者数及五项指标得分的师均值合称为"教师质量"。比较四大排名在人力投入指标中的频数及权重，可以发现，US News 没有相关投入指标；QS 的三项指标均属于"教学规模"；THE 在"教学规模"及"教师质量"上均有相关指标；ARMU 的三项指标均关注"教师质量"，且权重合计达到 50%。相比之下，QS 和 ARWU 的人力投入指标较为单一，QS 侧重人力投入的数量，ARWU 侧重质量。THE 的人力投入指标设置较为合理(见表 4-3)。

在物力投入方面，四大排名均没有相关指标。在财力投入上，THE 有两个二级指标与之对应。一是师均学校收入(2.25%)，它以学术人员的数量和标准的购买力评价(PPP)作为评判标准，可以展示一所学校的地位及这所学校能提供给学生和教学人员的基础设施的物质保障。二是师均研究收入(6%)，这个指标充分考虑到每所学校独特的学科体系，通常情况下，自然学科的研究经费往往高于人文社会学科的研究经费。这两个指标较好地反映了一所大学教育事业费及公用经费的支出水平。

(二)基于教育过程指标分析

在教育质量检测过程当中，教育投入和教育产出的相关指标研究丰富，有客观存在的评判标准及数据。但教育过程需要考量的是教育活动在取得人力、财力和物力投入后，将它们转化为教育直接产出或间接产出的方式。如果要将这些转化方式进行标准化处理，那么需要投入大量的资源，同时微观心理学层面不可测量的一些因素仍然无法被具象化。因此，教育过程如同一个"黑匣子"，研究者无法从外部获取教育投入转变为教育产出的具体方式。

从发展趋势来看，教育过程的质量日益受到关注，教育质量需要人们从学习者、教师、学习内容、学习过程及学习结果等方面去理解和定义。学校教育中的课程实施、课堂教学、学生学习态度、教师观念、工作态度等微观层面的监测指标逐渐被广泛使用。[①] 本节探讨的世界四大大学排名体系均没有与教育过程相关联的二级指标，对教学过程质量的评价不够重视。

---

① 曾家延：《构建我国的学校教育过程质量监测指标体系——国际比较视野下的路径寻求》，载《浙江师范大学学报(社会科学版)》，2017(3)。

(三)基于教育产出指标分析

1. 教育直接产出

教育直接产出是大学基于其功能定位所取得的科学研究、人才培养及社会服务成果。这些成果往往都是实体的、可测量的，能够反映一所大学的办学效率。在世界四大大学排名当中，关于教育直接产出的指标最为丰富。将相近指标进行归类，指标主要有四类：科研数量，包括发表论文数、师均发表论文数、学术著作数、会议论文数、在 *Nature* 和 *Science* 上发表论文的折合数、在 SCIE 和 SSCI 上发表论文数；科研质量，包括标准化引用影响力、论文总被引数、前 10％高被引论文数、前 10％高被引论文比例、ESI 前 1％学科领域中的高被引论文数、前 1％被引论文所占出版比例、师均论文引用次数、篇均被引数、与国际作者共同发表的研究论文比例、该校国际合作论文所占比例/所在国家国际合作论文所占比例；人才质量，包括获诺贝尔奖和菲尔兹奖的校友折合数、博士学位授予数/学士学位授予数；社会服务水平，包括创新发明及促进产业发展而取得的科研收入。

表 4-4　世界四大大学排名关于教育直接产出的相关指标频数及权重

一级指标	二级指标(频数)	US News(75％)	QS(20％)	THE(45.25％)	ARWU(50％)
科学研究	科研数量(5)	3	—	1	2
	科研质量(10)	8	1	2	—
人才培养	人才质量(2)	—	—	1	1
社会服务	社会服务水平(1)	—	—	1	—
	合计	11	1	5	3

从表 4-4 可以看出，在教育直接产出方面，US News 在科学研究的科研数量及科研质量方面的指标数量最多，QS 只有科研质量一个相关指标，THE 在所有直接产出方面均有相关指标，ARWU 在科学研究及人才培养上分别设计了指标。

QS 只关注了科研产出质量，其他直接产出均没有设计相关指标；US News 在偏重科研质量的基础上，忽视了人才培养和社会服务；ARWU 侧重于科研数量及人才质量。这三者均更加关注直接产出的质量。THE 是四大排名当中关于直接产出设计最为全面的指标体系，在每一项产出上都有统计数据。但四大排名对于人才培养及社会服务的重视程度仍然不够，指标数量少（如没有关于人才数量的相关指标）、权重低是四者的共性。

2. 教育间接产出

教育间接产出来自教育活动的正外部性，其对于社会的外溢效应是教育绩效的体现。教育间接产出不仅注重经济效益，还注重包括社会效益在内的综合效益。

在四大排名的指标当中，教育间接产出主要表现为声誉影响，相近的声誉种类可以被划分为两种：研究声誉和社会声誉。其中 US News 的全球研究声誉及区域研究声誉、QS 的学术声誉、THE 的科研声誉均属于研究声誉，QS 的雇主声誉及 THE 的教学声誉属于社会声誉。

表 4-5　世界四大大学排名关于教育间接产出的相关指标频数及权重

一级指标	二级指标（频数）	US News（25%）	QS（50%）	THE（33%）	ARWU
声誉影响	研究声誉（4）	2	1	1	—
	社会声誉（2）	—	1	1	—
合计		2	2	2	—

由表 4-5 可以看出，除 ARWU 外，其他三大大学排名均有与教育间接产出相关的主观指标。US News 的全球研究声誉及区域研究声誉的调查对象需要以自身所在学科为基础，对大学进行层次排名，该声誉指标主要反映了世界大学在科研产出方面的整体情况。QS 的教育间接产出指标受到重视，两项声誉影响的二级指标权重占比为 50%。其学术声誉（40%）的数据来源于世界范围内学术领域的同行评议，70000 多名行业内部人员被要求选出在近三年内他们认为在其领域表现最优秀的学校，不包括他们自己所在的学校。[1] 并且，三大大学排名通过访谈全球来自金融机构、航空公司、制药和汽车等制造业企业、日用品企业、国际通信和运输公司等超过 30000 名雇主来获取雇主声誉（10%）指标数据。

---

[1]　李燕：《世界一流学科评价及建设研究》，博士学位论文，中国科学技术大学，2018。

THE 排名的相关指标为教学声誉和研究声誉，通过向同行业学者发放调查，选出世界范围和所在地区内最好的 15 个教学、科研机构。

可见三大大学排名关于研究声誉的比重远超过社会声誉。四大大学排名更关注世界各个大学的间接产出在学术领域的影响力，对于社会影响力的关注度有所欠缺。

三、小　结

表 4-6　世界四大大学排名关于教育产出的指标频数及权重汇总

类别	一级指标	二级指标(频数)	US News (100%)	QS (70%)	THE (78.25%)	ARWU (50%)
直接产出	科学研究	科研数量(5)	3	—	1	2
		科研质量(10)	8	1	2	—
	人才培养	人才质量(2)	—	—	1	1
	社会服务	社会服务水平(1)	—	—	1	
间接产出	声誉影响	研究声誉(4)	2	1	1	—
		社会声誉(2)	—	1	1	
合计			13	3	7	3

从绩效的角度来看，在世界四大大学排名指标体系中，最多的指标及最大权重均分布在教育产出方面，尤其是 US News。科学研究指标特别是科研质量，是产出指标体系当中最被各个大学排名看重的。相比之下，人才培养和社会服务职能多被忽略。QS 排名最突出的地方在于最大权重设置在了教育间接产出上，更加关心大学科研教学活动对经济、社会的综合影响。ARWU 没有教育间接产出的相关指标(见表 4-6)。

在教育投入方面，ARWU 有两个指标且权重共计 40%，THE 和 ARWU 同时考察了投入的数量与质量，同时 THE 还关注了财力的投入，US News 没有任何关于人力、财力和物力的指标。值得关注的是教育过程，四大排名均没有任何的相关指标设计，对于教育过程质量的关注不够，存在着重产出、重投入、轻过程的倾向。

第二节 学科建设质量评价指标体系研究

学科是高校职能活动最基本的单位，是高校"独特和主要的特征"。[①] 一流大学应该有一流的"细胞"，一流学科和一流大学是相互证明的关系。本节对世界上较权威的四大学科排名体系进行比较分析，希望能够为学科评价指标体系的优化、修改提供新的思路与方向。

一、学科排名体系中的学科分类

表 4-7   世界四大大学排名中的学科分类情况

US News	硬科学	QS	人文艺术
	软科学		工程与技术
	人文艺术		生命科学与医学
THE	计算机科学		自然科学
	工程与技术		社会科学与管理
	临床与临床前健康	ARWU	自然科学与数学
	生命科学		工程/技术与计算机科学
	物理科学		生命科学与农学
	人文艺术		
	教育		临床医学与药学
	法律		
	社会科学		社会科学
	商业与经济		

---

① 伯顿·R. 克拉克：《高等教育系统——学术组织的跨国研究》，王承绪等译，33 页，杭州，杭州大学出版社，1994。

学科是知识的体系，是不同的但却相互关联的知识单元和理论构成的知识系统。US News、QS、THE 和 ARWU 四大排名体系都依照自身的关注点和对学科分类的独特理解对学科进行了分类（见表 4-7）。

从四种排名体系的学科分类来看，没有一种分类是四大排名体系都共同使用的。US News 的硬科学和软科学的学科划分方式在其他三大大学排名中均没有被使用。US News、THE、QS 的人文艺术在 ARWU 中并没有被使用，原因在于 ARWU 认为人文艺术领域很难找到合理的国际可比的指标。从 QS、THE 和 ARWU 三大大学排名体系来看，它们在类别上有着较大的共同点。QS、THE、ARWU 在分类中都将工程与技术作为一个大类单独存在，只不过 AR-WU 在此基础上增添了计算机科学，而 THE 将计算机单独分类。此外，THE、QS、ARWU 都将医学类作为学科大类。

不同排名体系中原始的学科分类差异会给体系间的横向比较带来阻碍。按照自然科学、社会科学、人文学科"三分法"对 US News、QS、THE 和 ARWU 的学科分类重新进行划分，结果见表 4-8。

表 4-8　世界四大大学排名中的自然科学、社会科学、人文学科分类

	US News	硬科学
		工程与技术
	QS	生命科学与医学
		自然科学
自然科学		计算机科学
		工程与技术
	THE	临床与临床前健康
		生命科学
		物理科学

		自然科学与数学
自然学科	ARWU	工程/技术与计算机科学
		生命科学与农学
		临床医学与药学
	US News	人文艺术
人文学科	QS	人文艺术
	THE	人文艺术
	ARWU	—
	US News	—
	QS	社会科学与管理
		教育
社会科学	THE	法律
		社会科学
		商业与经济
	ARWU	社会科学
其他①	US News	软科学

从 US News、QS、THE、ARWU 的整体类别来看，四大学科排名体系整体对于自然科学的划分更为细致。一方面，这说明自然科学发展迅猛，出现了众多的分支学科；另一方面，这说明四大学科排名体系整体对于自然科学最为重视。总的来看，THE、QS 与 US News 三大排名体系的学科分类均涉及了自然科学、社会科学与人文学科领域，但是 THE 对于自然科学和社会科学类的学

---

① US News 的软科学实际包含了自然科学和社会科学，因此归入"其他"一类。

科分类比 QS 与 US News 更细，更均衡。

二、四大学科排名体系的对比

（一）学科排名体系中的投入指标对比

表 4-9　世界四大大学排名的投入指标

US News	—	QS	—
THE	师生比	ARWU	科研经费
	师均收入		
	国际国内教师比		获奖教师（Award）
	国际国内学生比		
	研究效率		高被引科学家（HiCi）
	师均研究收入		

教育与研究过程与经济活动类似，投入主要包括资金的投入、教师（研究人员）的投入及各种教学与研究设备的投入。简言之，投入包括人、财、物三个方面的投入。从表 4-9 可以看出，在四大大学排名体系中，US News 与 QS 没有教育与研究投入方面的指标，THE 和 ARWU 分别有 6 个指标与 3 个指标。THE 的投入指标可以分为教育与研究两个方面。在教育方面，师生比、师均收入、国际国内教师比及国际国内学生比在一定程度上能够客观反映出某一学科在教育教学方面资源投入的数量与质量。ARWU 的投入指标着重关注科研方面。科研经费指标能够较为直接地反映某学科的研究受资助情况，获奖教师①和高被引科学家这两个指标能够反映在学科建设方面师资和研究人员投入的质量情况。

---

① 获奖教师指的是获得诺贝尔奖或菲尔兹数学奖的教师。

(二)学科排名体系中的产出指标对比

表 4-10　教育与研究产出指标

直接产出	US News	学术论文总数
		国际合作论文数
		会议论文
		专著
		标准化引用影响
		总引用次数
		被引用前 10% 论文数
		被引用前 10% 论文占比
		被引用前 1% 论文数
		被引用前 1% 论文占比
		国际合作论文占比
	THE	博士与学士授予学位比
		师均博士学位授予数
		论文被引数
		国际合作论文占比
		创新性产业收入
	QS	篇均被引用率
		H 指数
	ARWU	获奖校友(Alumni)
		论文数(PUB)
		高质量论文比例(TOP)
间接产出	US News	全球研究声誉
		区域研究声誉
	THE	研究声誉调查
	QS	学术声誉
		雇主声誉
	ARWU	—

教育产出可以分为直接产出与间接产出。直接产出主要包括获得学位的学

生数、论文、专著、报告等，通常来说直接产出是容易被度量的。间接产出则指的是教育与研究中不易被度量或短期内无法呈现的成果或影响，包括社会声誉、社会贡献等。按照直接产出与间接产出的二分法将 US News、THE、QS 和 ARWU 的产出指标进行分类(见表 4-10)，总体来看，四大大学排名体系与学科直接产出相关的指标有 21 个，与间接产出相关的指标有 5 个。其中，US News 与 QS 的直接产出指标主要集中于论文与专著；THE 与 ARWU 的直接产出指标更加多元，包含了获得学位人数、研究收入及获奖校友等。在间接产出中，各个评价体系对于声誉的侧重有所不同。US News 侧重于地域范围内的学科研究声誉的评价，THE 除了关注学科研究声誉外还关注教学声誉，QS 兼顾了学科在学术研究与劳动力市场两个方面的声誉。

1. 直接产出与间接产出指标失衡

导致这种情况的原因主要有：学生社会适应、学科社会声誉等间接产出难以被量化，不容易加入以量化分析为基础的学科排名体系中；间接产出本身具有隐蔽性，在指标选取时存在困难；间接产出指标不符合学生和家长的需要，四大排名榜单产生的初衷是为全球各地的学子提供全球性或区域性的高等教育机构的信息，帮助他们选择合适的学校，直接产出指标容易被观察且适用于学校和学科之间的对比，因此学科排名体系更愿意选择较多的直接产出指标。

2. 直接产出指标兼顾数量与质量

在以论文为主要评价依据的 US News 和 QS 学科评价体系中，学术论文总数、国际合作论文数量、会议论文、专著、总引用数等主要代表着直接产出的数量，被引用前10％论文占比、被引用前10％论文数、篇均被引用率、H 指数等进一步代表学科学术著作的质量，被引用前1％论文占比大小和被引用前1％论文数多少更是一个学科研究成果是否卓越的重要体现。

THE 与 ARWU 关于教育与研究直接产出的指标更加多元。THE 在直接产出指标中除了论文被引数之外还加入了博士与学士授予学位比、师均博士学位授予数、创新性产业收入三项非论文指标。通常来讲，一个机构或学科所拥有的博士人数越多，该机构或学科就拥有越强的科研能力；反之，一个机构或学科拥有较强的科研能力和行业声誉才有可能招到更多的博士生。因此 THE 体系中的博士与学士授予学位比、师均博士学位授予数能够从人员的角度来反映一个学科的研究能力。THE 中的创新性收入通过货币手段来实现对创新成果的评估。在 ARWU 的直接产出指标中，除了论文数和高质量论文比例两项与论文相关的指标之外，增加了获奖校友这一指标。该指标指的是一个学科、机构中获得诺贝尔奖或菲尔兹奖的校友的数量，这一指标能够较为直接地反映出学科教育与研究的质量。总的来说，在四大大学排名的直接产出指标中，唯数量的评价指标较少，更多的是包含着质量评价的数量指标与质量评价指标。

三、小　结

(一)四大大学排名体系对于自然科学最为重视

从自然科学、社会科学和人文学科对学科的分类方法来看，在四大大学排名体系中，自然科学的分类有 23 个，社会科学的分类有 6 个，人文学科的分类有 3 个。在四大大学排名体系中，一般来说，属于同一个分类的学科在各个指标上有着相同的权重(QS 除外，相同分类指标权重相近)。不同分类指标权重是根据学科自身的特点决定的。例如，在 US News 的大学排名体系中，论文被引用总数这一指标在硬科学、软科学、人文艺术的权重分别是 15%、12.5% 与 7.5%。[①] 学科类别越细，各个指标的权重情况越符合该学科的真实情况。自然科学在四大学科排名中被分为了 23 个类别，远远多于社会科学与人文学科，足以看出四大大学排名对于自然科学的重视。

(二)四大大学排名体系对于教育投入的关注不够

QS 与 US News 的大学排名体系中并没有将教育投入问题考虑其中，是绝对的产出评价体系。绝对产出评价体系中存在强者越强、弱者越弱的现象，因为历史悠久、社会声誉高的学科往往比发展时间短、起步晚的学科拥有更多社会资源，必然在教育与研究方面投入更多。如果不考虑资源的使用效率，资源投入多的机构会比资源投入少的机构有着更多的产出，这使其在绝对产出评价

---

① Robert Morse，Alexis Krivian and Elizabeth Martin，"How U. S. News Calculated the Best Global Universities Subject Rankings"，https：//www.usnews.com/education/best-global-universities/articles/subject-rankings-methodology，2018-10-29.

体系表现中始终优异。这些排行榜的结果会影响学生和家长的择校以及政府与社会的资助，排名靠前的学校和专业会获得更多的社会资源，这就造成了"强者恒强"的局面。THE与ARWU的学科体系中有投入方面的指标，在一定程度上说明这两个体系考虑了资源使用的效率问题，但遗憾的是两个排名体系的投入指标体系均不健全，没有办法完全反映各个机构和学科在资源使用效率上的真实情况。

第三节 我国高校效益评价及影响因素研究

高等教育经费投入巨大，同时又需要提升质量。如何充分利用好教育经费，提高经费的使用效率以促进内涵式发展成了高校面临的难题。高校的效益是高校在业务活动中投入与产出之间的关系，呈现出高校对其资源的有效配置，能够衡量高校的投入产出能力和高校的可持续发展能力。对高校效益进行评价和对影响因素进行分析具有很强的现实意义。除了影响因素外，高校的规模和内部管理可以呈现出高校在资源配置上的状况，也直接影响高校的效益。

一、模型构建与实证分析

在高等教育成本函数研究中，二次成本函数形式使用较广泛，因为它考虑到了某些产出为零的情况，更加符合高校办学实际。本节采用了二次成本函数，基本模型如下：

$$C = \beta_0 + \sum_{i=1}^{s} \beta_i y_i + \frac{1}{2} \sum_{i=1}^{s} \sum_{j=1}^{s} \beta_{ij} y_i y_j + \sum_i \delta_i F_i + \theta T + \varepsilon \qquad (1)$$

其中，C 表示生产 s 种产出的总成本，β_0 是常数项，β_i 和 β_{ij} 是产出变量的系数；y_i 是第 i 种产出的量；F_i 是一个二值变量，当第 i 种产出大于 0 时，F_i 为 1，其他情况为 0，主要是出于技术原因，为了保证成本函数的灵活性。[1] T 表示时

---

[1] Baumol，Panzar and Willig，*Contestable Markets and the Theory of Industry Structure*，San Diego：Harcourt Brace Jovanovich，1982，p. 454.

间趋势变量，ε 表示随机误差项。

之前传统实证方法是使用最小二乘法(LS)估计函数，但这只反映了平均意义上的成本与产出关系。理论上的成本函数是在给定要素价格不变的条件下最小成本和产出水平的关系。最小二乘法的"最佳拟合"性质与随机边界法的"边界"性质差异明显。为此，艾格纳(Aigner)①及迈森(Meeusen)②等人提出了 SFA 方法。该方法把随机误差项分为两部分：一部分为具对称分配的随机误差，代表厂商或高校无法控制的外在干扰因素，如政治局势、天灾等；另一部分为单边分配的随机变量，代表厂商或高校无效率因素。此二项误差彼此独立。

巴蒂斯(Battese)和科利(Coelli)③将模型进一步扩充为面板数据的形式，同时估计所有可能影响效率的因素和成本边界。随机误差 ε 分成了 V 和 U 两部分，V 代表距离成本前沿的随机偏差，与解释变量不相关，服从正态分布，$V \sim N(0, \sigma_V^2)$；U 表示成本前沿之上的无效率部分，通常被假设符合半正态分布或截尾正态分布。无效率函数如下：

$$m_{it} = z_{it}\delta \tag{2}$$

其中，m_{it} 是高校 i 第 t 期的无效率值，z_{it} 是影响高校 i 第 t 期效率的外生变量向量，δ 为变量的待估参数向量。

在此定义组合方差 $\sigma^2 = \sigma_V^2 + \sigma_U^2$，以及成本无效率的方差在组合方差中的比重：$\gamma = \sigma_U^2 / (\sigma_V^2 + \sigma_U^2)$。$\gamma$ 的取值空间为 0 到 1。当 γ 趋近于 1 时，说明成本偏差主要由成本无效率项 U 决定；当 γ 趋近于 0 时，说明成本偏差主要由随机误差 V 决定。

在 SFA 方法中，变差率 γ 的零假设统计检验是判断边界成本函数有效性的根本依据。如果变差率 γ 的零假设被接受，那么意味着成本无效率项不存在，

---

① Aigner，Lovell and Schmist，"Formulation and Estimation of Stochastic Frontier Production Function Models," *Journal of Econometrics*，1977 (6)，pp. 21-37.

② Meeusen and van den Broeck，"Efficiency Estimation from Cobb－Douglas Production Functions with Composed Error," *International Economic Review*，1977(2) ，pp. 435-444.

③ Battese and Coelli，"Frontier Production Functions，Technical Efficiency and Panel Data：With Application to Paddy Farmers in India," *Journal of Productivity Analysis*，1992(3)，pp. 153-169.

边界成本函数无效。对变差率 γ 的零假设检验可通过对成本函数的单边似然比检验统计量 LR 的显著性实现。

在边界成本函数被正确估计出来后，高校的成本效率可用理论最小成本与实际成本的比值表示，即 $CE_{it} = E(C_{it} \mid U_{it} = 0, X_{it}) / E(C_{it} \mid U_{it}, X_{it})$，该值为 $0 \sim 1$，取值越接近 1 表示实际成本越接近理论最小成本，成本效率越高。

（一）模型变量

成本函数使用的被解释变量 C 指的是高校的总成本。由于高校成本核算存在困难，类似研究通过使用机构支出这个指标来反映高等教育的成本。[①] 本节以高校的总支出代表总成本，相比国内同类研究使用的事业支出的范围更加广泛，前者还包括了经营支出、自筹基建等。考虑到高校多投入、多产出和"大收大支、全收全支"的财务制度，总支出更能反映学校全部活动的资源耗费情况。

高等教育具有知识的传承和传播这两大任务。知识的传承即高等教育的教学或指导功能。因为不同层次和院系的学生所学知识的存量和变化难以被具体的指标估计，所以目前最普遍的度量教学产出的方法是使用代理变量。学生数是最为常见的用来衡量教学产出的代理变量，本节将在校学生数作为教学产出变量。不同学科、不同教育层级在教学方法、教学规律、课程设计、资源配置等方面也大相径庭，学生的培养方式也有所不同。因此，不同学科和不同层级的教学产出成本应当不同。本节将我国高等教育机构的教学产出看作三种学科、三种层次的在校学生数：全日制的人文学科本专科学生数（HS）、全日制的社会科学本专科学生数（SS）、全日制的自然科学本专科学生数（NS）、全日制的硕士研究生学生数（MA）和全日制的博士研究生学生数（DOC）。HS 包括哲学、文学、历史学、艺术学 4 个学科的所有在校学生数。SS 包括经济学、法学、教育学、管理学 4 个学科的所有在校学生数。NS 包括理学、工学、农学、医学 4 个学科的所有在校学生数。MA 包括在校硕士研究生人数。DOC 包括在校博士研究生人数。知识的传播即创造和发现新知识，并将这些新知识加以传递扩散，

---

① Cohn，Rhine and Santos，"Institutions of Higher Education as Multi－Product Firms：Economies of Scale and Scope,"*Review of Economics and Statistics*，1989（2），pp. 284-290.

此为高校的科研产出。本书以国内外期刊发表的各学科的论文（PAP）作为科研产出的变量。

一直以来，教学和科研产出的质量考量是一个难以让人满意的问题。教学和科研质量影响投入，进而影响成本，极少数研究考虑到了产出质量。国内学者目前的主要做法是用投入质量替代产出质量，如教师质量是影响教学质量和科研质量的重要因素之一，教师的职称结构等可以反映教师质量，但教育领域投入与产出之间的复杂的非线性关系使得这种替代令人怀疑。我国自 2001 年以来逐步将就业率作为高校评估的一项重要指标，将其纳入高校教育质量评估指标体系，并将就业率与高校招生数量、学科专业设置、教育经费投入、领导干部政绩等挂钩。就业率作为教学或人才培养的质量指标，无论在理论中还是在政策实践中都较为理想。本节把毕业生就业率区间（RANK）分为五个档次，就业率 96％以上为第 1 个档次，91％～95％为第 2 个档次，86％～90％为第 3 个档次，81％～85％为第 4 个档次，80％以下为第 5 个档次。引用率虽然是学者个体论文发表的质量指标，能反映院系或大学的科研产出质量，但在技术上难以被使用。我国的学术评价政策一直鼓励学者在国际期刊上发表论文，从而拥有本学科领域的国际话语权。高校国际发表论文的比例（PAPF）在很大程度上能直接反映出科研质量。

（二）描述性统计分析

表 4-11　各变量的描述统计量

变量	变量描述	观察值个数	均值	标准差	最小值	最大值
EXP	总支出（万元）	748	204626	173910	9016	1370075
PAP	发表论文（篇）	748	4274	3471	8	17162
HS	人文科学本专科生（人）	748	2209	1653	164	7734
SS	社会科学本专科生（人）	748	4268	3000	0	17378
NS	自然科学本专科生（人）	748	11524	8251	0	31117

续表

变量	变量描述	观察值个数	均值	标准差	最小值	最大值
MA	硕士研究生（人）	748	7329	3977	71	18526
DOC	博士研究生（人）	748	2408	2057	17	10401
RANK	就业率排名	748	2	1	1	5
PUBF	国外期刊论文/发表论文	748	0.27	0.17	0	0.77
TOSTU	总学生数（人）	748	28363	14238	1421	68130
FORSR	外国留学生/总学生数	748	0.03	0.04	0	0.34
QUALITY	高级职称教师/专任教师数	748	0.59	0.10	0.33	0.86
CSIZE	生师比	748	14.10	2.65	5.12	22.54
AREA	校舍面积（建筑面积为平方米）	748	1139716	681706	34271	3634851
ASSET	固定资产（万元）	748	297168	229252	6054	1820423
BOOK	图书（万册）	748	309	182	10	982
IXY	变量 XY 的交叉乘积项					
XSQ	变量 X 的平方项					

本节使用 2006—2016 年教育部直属高校的基本情况统计数据①，货币度量的变量以 2006 年为基期进行了价格调整。从表 4-11 中可以看出，样本典型高校年平均总支出约为 204626 万元，年平均发表论文 4274 篇，拥有 18001 名本专科生和 9737 名研究生。在本专科生中，自然科学学生最多，年平均在校 11524 人，约占所有本专科生的 64%，其次为社会科学本专科生，最少的为人文科学本专

---

① 由于缺失部分数据和两地办学问题，本文在计算时未包括中国地质大学、中国石油大学、华北电力大学和中国矿业大学，实际计算了 68 所教育部直属高校。

科生。在研究生中,硕士研究生年平均在校为 7329 人,博士研究生年平均在校为 2408 人。

(三)实证分析结果

实证分析先从面板数据经验模型的选择开始,确定适合的面板模型后,使用恰当的 LS 估计模型,并验证其稳健性(使用 STATA14.0 软件),在此基础上再使用 SFA 方法(使用 FRONTIER 4.1 软件)估计面板数据模型,并讨论其估计效果。

根据对截距和解释变量系数的不同,一般面板数据模型分为三类:混合模型、变截距模型和变系数模型。变截距模型又分为固定效应模型和随机效应模型,固定效应模型的个体效应和其他解释变量相关,随机效应模型的个体效应与其他解释变量无关,使用的估计方法应有所区别。变系数模型假定每个截面个体的截距项和解释变量系数都不同,即每所高校的成本截距和成本影响因素的系数都不同。由于数据问题,国内外暂时还没有文献使用这种方法进行高校效率的讨论。本部分采用的模型从混合模型或变截距模型中选择。

混合模型与固定效应模型选择判断可使用 F-test,在变系数模型的基础上假设所有的截距项在时序上有相同的性质,即相等(变形皆等于零),原假设适用于 OLS。

混合模型与固定效应模型的检验依据个体随机效应是否显著进行判断,如果没有个体效应,即 $Var(u) = 0$,那么 OLS 是 BLUE,否则随机效应模型较好。具体形式采用拉格朗日乘数检验,原假设适用于 OLS。

表 4-12　Panel 回归最适模型检定结果

	检验统计量	适用模型
混合模型与固定效应模型之比较	F test that all u_i=0: F(67, 649) = 6.83 Prob > F = 0.0000***	固定效应模型

续表

	检验统计量	适用模型
混合模型与随机效应模型之比较	Breusch and Pagan Lagrange multiplier test for random effects： Test：Var(u) = 0 chi2(1) = 122.02 Prob > chi2 = 0.0000***	随机效应模型
固定效应模型与随机效应模型之比较	Prob>chi2 = 0.0000***	固定效应模型

注：*、**和***分别表示10%、5%、1%显著水平。

豪斯曼检验是常用的检验固定效应模型和随机效应模型的方法，但是这种检验在误差项有异方差和自相关时无效。由于本文使用的截面数据较多，因此在正式检验异方差之前，为保证估计的稳健性，本节选用稳健豪斯曼检验（Robust Hausman Test）①判别随机效应模型和固定效应模型，原假设是随机结果更好。判定结果见表4-12。

表 4-13 回归结果

解释变量	固定效应模型 1 估计（FGLS）②	模型 2（SFA 估计）	模型 3（SFA 估计）
PAP	−11.31403(4.547179)***	1.6441(5.9709)	11.1224(4.2323)**
HS	3.005905(13.76502)	3.2871(5.883)	7.3141(3.2299)***
SS	19.55878(7.403034)	11.4748(3.6515)***	9.0716(2.1272)***
NS	16.78914(4.741125)	8.1979(1.8855)***	2.9761(1.0585)
MA	−25.14066(6.210149)***	−30.4301(5.8558)***	−3.5336(3.6634)***
DOC	80.4882(16.00593)	79.0695(12.1854)***	27.8888(7.9897)
IHSSS	0.0012223(0.0010631)	0.0001(0.0011)	−0.0004(0.0005)*

---

① Mundlak，"On the Pooling of Time Series and Cross Section Data," *Econometrica*，1978（1），pp. 69-85.

② 未报告 FGLS 回归结果的 R2 原因可参考"Why does xtgls not report an R-squared statistic?"，http：//www. stata. com/support/faqs/stat/xtgls2. html.

续表

解释变量	固定效应模型 1 估计(FGLS)	模型 2(SFA 估计)	模型 3(SFA 估计)
IHSNS	0.0004891(0.0006713)	0.0009(0.0006)	0.0006(0.0003)
IHSMA	−0.0013841(0.0010669)***	−0.0008(0.0014)	−0.0004(0.0009)
IHSDOC	0.0014702(0.0042128)	0.0014(0.0043)	0.0038(0.0029)**
IHSPAP	−0.0024371(0.001498)***	−0.0033(0.0018)*	−0.0027(0.0011)
ISSNS	−0.0016638(0.0003776)***	−0.0008(0.0004)**	−0.0001(0.0002)
ISSMA	0.0003886(0.0005823)	0.001(0.0008)	0.0003(0.0005)
ISSDOC	−0.0020166(0.0023955)***	−0.0055(0.0025)**	−0.0013(0.0014)
ISSPAP	0.0025172(0.0009914)	0.0018(0.0012)	−0.0006(0.0007)
IMADOC	−0.0042124(0.0021266)***	−0.0075(0.0021)***	−0.0004(0.002)
IMAPAP	0.0040771(0.000807)	0.0028(0.0008)***	0.0012(0.0007)
IDOCPAP	−0.0053483(0.0018185)***	−0.0023(0.0016)	−0.0002(0.0015)***
INSMA	−0.000776(0.0002921)***	0(0.0004)	0.0008(0.0003)***
INSDOC	0.0005139(0.000802)	−0.001(0.0007)	−0.0018(0.0005)**
INSPAP	−0.0009532(0.0003191)***	−0.0009(0.0003)**	−0.0006(0.0003)
HSSQ	−0.000589(0.0015373)***	0.0012(0.0014)	−0.0002(0.0007)*
SSSQ	−0.0016119(0.0005556)***	−0.0005(0.0003)*	−0.0003(0.0002)*
NSSQ	0.0000832(0.0001382)	0(0.0001)	−0.0001(0.0001)
MASQ	0.0021196(0.0005465)	0.0023(0.0007)***	−0.0002(0.0005)
DOCSQ	0.008164(0.0028118)	0.0113(0.002)***	0.0033(0.0021)
PAPSQ	0.00052(0.0004233)	−0.0001(0.0004)	0.0001(0.0004)***
F2	−218844.4(72799.05)***	12195.298(1.0032)***	11791.218(1.7454)***
F3	−2598.436(7961.283)***	5118.3193(1.0005)***	5663.758(3.3395)***
T	7747.436(749.7191)	11299.897(5.3789)***	8901.797(341.0166)***
RANK			−1663.831(8.232)***
PUBF			10619.425(7.7009)***
constant	−9048.697(30606.97)***	−65384.61(1.0057)***	−90174.864(1.0556)
γ		0.4994***	0.9661***
LR		129.9300	416.225

注：括号内的数据为标准差，Cons 表示常数，*、** 和 *** 分别表示 10%、5%、1% 显著水平。

因此，计量结果应该基于固定效应模型来分析。由于样本数据时间维度比较短，截面上的学校数目又很多，样本数据偏重截面数据，主要考虑集中于横截面的变化，即要注重异方差带来的问题，因此截面数据存在异方差的概率比较大。首先，运用修正的沃尔德检验（Modified Wald Test）检测组间异方差，结果拒绝组间同方差的假设。接着用利用伍德里奇检验（Wooldridge）检验自相关的方法，拒绝没有序列相关的假设。检验结果说明截面间存在异方差，同时误差项存在序列相关，所以选择广义最小二乘法（FGLS）来消除异方差性和序列相关性的影响，用这种方法估计成本函数能提高估计系数的精确性。回归结果见表 4-13 的模型 1。

上述面板数据模型是确定性面板模型，反映了"平均"意义上的成本与产出关系。为了更符合成本函数的理论要求，本部分用 SFA 模型的 ML（极大似然估计）对函数进行了估计，结果见表 4-13 的模型 2。模型 3 加入了影响成本的教学和科研质量变量。分析表 4-13 中模型 3 的估计结果，发现如下。

第一，成本无效率项客观存在，使用随机边界成本函数法更为合理。变差率 γ 的零假设统计检验是判断边界成本函数是否有效的根本依据。不考虑质量因素的模型 2 和考虑质量因素的模型 3 的单边似然比检验统计量均远大于约束条件为 1、显著性概率为 0.01 的 mixed χ^2 分布临界值。γ 的零假设被拒绝，即成本无效率项确实存在，使用 SFA 更为合理，我国高校存在成本无效率情况。如果使用模型 1 的估计结果计算成本，结果将大相径庭，模型 1 和模型 2、模型 3 的科研产出等变量的估计系数方向相反。

第二，模型 2 和模型 3 的估计结果基本相同，但模型 3 中的显著变量个数更多，大部分关键产出变量显著。γ 的估计值从 0.50 提升到 0.97，说明考虑质量因素后，高校间的成本差别更多是由无效率造成的，随机因素所占的比例从 50% 下降到 3%。这表示质的两个变量均在 0.1 水平上显著，模型 3 更合适。

第三，模型 3 中的 32 个系数的 t 检验中，有 11 个在 0.1 水平上显著，3 个在 0.05 水平上显著，3 个在 0.1 水平上显著。剩余系数 t 检验不显著。有些重要变量不显著的原因在于模型形式导致的多重共线性，而多重共线性的存在并不影响系数的一致性。更为重要的是，由于变差率 γ 的零假设已被拒绝，因此可确定在本假设下的随机边界成本函数仍然是有效的。

第四，模型中所有的交叉乘积项和二次项的系数都联合显著。[1] 这说明学科和学历层次对成本存在着显著影响。科研产出的一次项和二次项系数均显著为正，说明增加科研论文发表的篇数能显著增加办学成本，而且增加的速度处于递增状态。人文学科、社会科学本专科生的一次项系数显著，但二次项系数显著为负，说明增加这些产出会直接增加办学成本，但增加成本的效果在递减。硕士生的增加会降低办学成本，但二次项系数并不显著。

第五，交叉乘积项是判断两种产出之间成本互补性的重要依据。如果系数为负且显著，那么联合生产这两种产出更合理。否则互为成本替代，成本互补的原因在于不同产出间共享资源或共用投入要素。在模型 3 中，人文学科和社会学科本专科生、博士生和论文发表、自然科学本专科生和博士生之间存在显著的成本互补，人文社会科学本专科生和博士生、自然学科本专科生和硕士生之间的成本替代显著。

二、我国高校效益及其影响因素

(一)效益结果

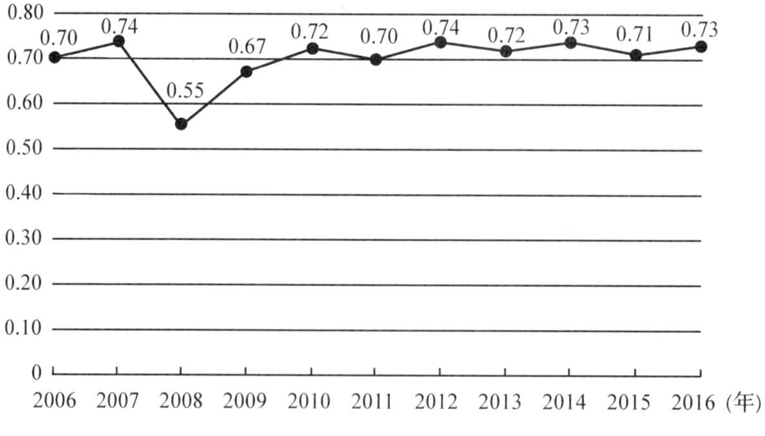

图 4-1 2006—2016 年高校成本效率变化趋势

---

① chi2（21）= 167.94。

通过随机边界成本函数模型，可以获得所有高校的成本效率值。所有高校在 2006—2016 年的整体成本效率值为 0.69。整体而言，约有 31% 的成本是被浪费的。从动态的角度来看，这 11 年间的效率波动较大，尤其是在 2008 年下降幅度较大，之后效率整体上在提升，保持在 0.7 左右（见图 4-1）。由于影响效率的因素极为复杂和多样，因此我们在下一部分进一步分析效率的影响因素。

从样本高校来说，最有效率的高校是湖南大学，其成本效率值为 0.91，说明该校相对于自己的理论最小成本仅多支出了约 9% 的成本；最无成本效率的学校是中国农业大学，其成本效率值为 0.45，说明该校相对于自己的理论最小成本而言，有约 55% 的成本被浪费了。

(二)效益影响因素

高校作为典型的多投入、多产出机构，有其特殊的运营环境，其效率表现在一定程度上就是运营环境中所有要素综合作用的结果，因此要提高高校效率，必须深入了解哪些因素显著影响高校的效率。

任何组织的运营无外乎依靠外部环境和内部环境，高校的外部环境主要指的是高等教育的宏观环境和行业环境，根据数据的可获得性，本节主要分析高校类型、办学地点及是否为"双一流"建设高校这几个外部因素。高校教学科研的内部环境较为复杂，因为高校不同于一般的经济组织，高校内部存在着行政管理与学术活动交错的结构。本节根据高校内部行为的具体特征推测高校的内部环境，主要涉及学生、教职工和办学条件。学生、教职工包括学生数量和结构、师生比和专任教师的职称结构等，办学条件包括高校的校舍面积、固定资产和图书数量。

由于数据的限制，我们选取的外部因素和内部因素并不是很完全。在条件允许的情况下，教职工的性别比例和工龄、学生的入学成绩和家庭背景等因素怎样影响效率也是值得关注的。

表 4-14　影响成本无效率因素的估计结果

系数	估计结果
截距	$-143.7609(21.4514)$ ***
TOSTU	$-3.8985(1.0572)$ ***

系数	估计结果
FORSR	$-3.7268(1.1426)$ ***
PROR	$-71.3632(10.6708)$ ***
CSIZE	$-2179.7736(325.3196)$ ***
AREA	$0.1012(0.0244)$ ***
ASSET	$0.4375(0.0379)$ ***
BOOK	$-304.7995(73.1193)$ ***
KEY	$80.7711(12.1433)$ ***
LOC2	$-35.2512(5.3825)$ ***
LOC3	$-50.5926(7.6256)$ ***
TYP2	$4.5215(1.1733)$ ***
TYP3	$-11.0301(1.9039)$ ***
TYP4	$-18.4867(2.9309)$ ***
TYP5	$-22.4616(3.5054)$ ***
TYP6	$-37.6813(5.7065)$ ***
TYP7	$-8.7816(1.6467)$ ***
TYP8	$-22.9855(3.5686)$ ***
TYP9	$-22.3362(3.4852)$ ***
T	$-1627.6462(243.0454)$ ***

注：括号内的数据为标准差，Cons 表示常数，*、** 和 *** 表示在 10%、5%、1% 显著性水平上显著。

为了解高校类型怎样影响效率，引入表示学校类型的虚拟变量 $TYPEG_k$，当学校为第 k 种类型时，值为 1，否则为 0。k 为 1～9 时分别表示综合性大学、理工院校、师范院校、语言类院校、农林大学、艺术院校、政法大学、财经大学、医科大学。此处把综合性大学作为虚拟变量的基组。为了考察办学地点与效率的关系，本书引入表示学校办学地点的虚拟变量 $LOCATIONG_i$，当学校地区为第 i 种地区时，值为 1，否则为 0。i 为 1、2、3 时分别表示东部、中部、西部地区。此处把东部地区作为虚拟变量的基组。本书引入表示"双一流"建设高校的虚拟变量（KEY）以了解政府的这项工程是否显著影响了我国高校的效率。估计结果见表 4-14。

结果发现高校的所有外部因素都显著影响成本无效率。除理工院校外，其他所有类型院校与成本无效率都是显著负相关，也就是说，这些院校的成本效率在截距上优于综合性大学，尤其是艺术院校的成本效率最为明显。理工院校与成本无效率是显著正相关，说明理工院校的成本效率在截距上低于综合性大学。中部和西部地区高校与成本无效率是显著负相关，其成本效率在截距上优于东部大学，尤其是西部地区更加明显。"双一流"建设高校与成本无效率是正的显著关系，说明双一流高校成本效率在截距上低于非双一流高校。

内部因素也显著影响成本效率。学生总数及留学生所占比例与成本无效率呈显著负相关，说明增加学生数量和招收更多的留学生有利于提高成本效率。生师比与高级职称教师比也与成本无效率呈显著负相关，说明专任教师越多，教师职称越高，越容易控制成本或提升教学科研质量，从而提高成本效率。

在办学条件中，校舍面积和固定资产与成本无效率呈显著正相关。校舍面积越大，反而越没有效率，这很有可能是由学校空间的配置不合理、分校区和多校区等造成的。后者可能与我国大学现行的固定资产管理制度有关，尤其是科研仪器设备的封闭使用是较为突出的问题。

时间与成本无效率呈显著负相关。也就是说，技术进步会不断提高成本效率。高校既是推动技术进步的主要动力，又是技术进步的受益者。科技进步对教学条件、教学原则、教学过程、教学形式、教学手段、教学方法、教学目标及教育体制等教育系统的诸方面会产生广泛影响。

表 4-15 我国高校规模效益和范围效益

总体规模经济		0.93	总体范围经济		−1.76
特定产出规模经济	HS	1.92	特定产出范围经济	HS	−0.36
	SS	4.76		SS	−0.18
	NS	3.75		NS	−0.35
	MA	1.20		MA	−1.09
	DOC	0.64		DOC	0.02
	PAP	0.91		PAP	−0.13

正如影响因素分析发现的，规模和内部管理直接影响效益。本部分更进一步分析此内容，从产业经济学的规模效益和范围效益角度展开研究。根据鲍莫尔（Baumol）等人①关于多产出的相关计算公式和表4-13中模型3的估计结果，我们计算出相应的规模效益和范围效益指标，结果见表4-15。

从表4-15可以发现，我国高校不存在整体的规模效益，但社会学科本专科生、自然学科本专科生、人文科学本专科生、硕士生存在规模经济，主要是博士生和科研产出的规模不够。

同时，我国高校也不存在范围经济。除博士生培养和其他活动进行资源统筹外，其他所有活动共享性都不够，尤其是硕士生的培养，这很可能是因为近年来硕士生招生规模增长过快，同时培养方式不够成熟，并未紧密结合科研或其他活动。

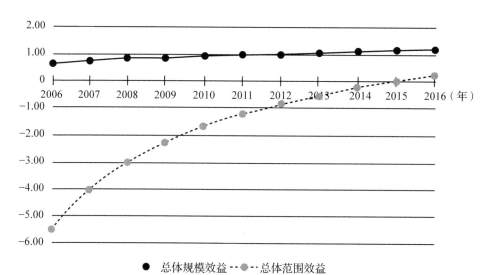

图 4-2　2006—2016 年高校总体规模效益与总体范围效益变化趋势

但如果从动态变化来看（见图4-2），总体规模效益和总体范围效益呈不断改善的趋势。2012年以来，我国高校已经实现了总体规模效益，说明规模适宜；

---

① Baumol，Panzar and Willig，*Contestable Markets and the Theory of Industry Structure*，San Diego：Harcourt Brace Jovanovich，1982，p. 454.

总体范围效益提升明显，2015 年和 2016 年已经实现了范围效益，说明我国高校的内部资源配置方面越发科学。

三、小　结

本节通过使用 2006—2016 年教育部直属高校中 68 所高校的数据，采用 SFA 方法估计面板数据模型，对我国高校进行了效益评价及影响因素分析。

提升高校整体效益，促进高校的内涵式发展是高校发展的必然选择。本部分的结论可知，我国高校的整体成本效率值为 0.69，即约有 31% 的成本未被充分利用，高校效益提升已成为高校工作的重点。因此，本书基于对高校效益影响因素的分析结果，提出以下建议。一方面，高校应适当调节学生结构，在学生数量不断增加的同时，扩大研究生和留学生的招生规模，形成更加合理的学生结构；另一方面，高校的生师比与高级职称教师比与成本无效率呈显著负相关，这意味着应多增加专任教师数量，以提升教学质量，并且应加强对教师职称的评定与管理，组建高质量的教师队伍，提升高校科研水平和质量，以促进高校向世界一流大学迈进。此外，高校应不断深化管理体制改革，调整高校内部的管理机构，并且加强对高校经费的管理，合理分配与使用教育资源，提高高校的管理能力和办学效益，推动高校的内涵式发展。

参考文献

一、图书

1. [美]伯顿·克拉克. 高等教育新论——多学科的研究[M]. 王承绪，徐辉，郑继伟，等，译. 杭州：浙江教育出版社，2001.

2. 丁小浩. 中国高等院校规模效益的实证研究[M]. 北京：教育科学出版社，2000.

3. 米切尔·B. 鲍尔森，约翰·C. 舒马特. 高等教育财政：理论、研究、政策与实践[M]. 孙志军，成刚，郑磊，等，译. 北京：北京师范大学出版社，2008.

4. 胡博，刘荣，丁维岱，等. Stata 统计分析与应用(修订版)[M]. 北京：电子工业出版社，2013.

5. 胡建华，周川，陈列，等. 高等教育学新论(新世纪版)[M]. 南京：江苏教育出版社，2006.

6. 罗伯特·M. 赫钦斯. 美国高等教育[M]. 汪利兵，译. 杭州：浙江教育出版社，2001.

7. 马克思恩格斯全集(第 24 卷)[M]. 北京：人民出版社，2016.

8. 马克思恩格斯选集(第 26 卷Ⅱ)[M]. 北京：人民出版社，2012.

9.[英]迈克尔•夏托克．高等教育的结构和管理[M]．王义端，译．上海：华东师范大学出版社，1987.

10. 潘懋元，王伟廉．高等教育学[M]．福州：福建教育出版社，2013.

11. 王善迈．教育投入与产出研究[M]．石家庄：河北教育出版社，1996.

12. 教育部财务司，国家统计局人口和社会科技统计司．中国教育经费统计学鉴(1998—2015)[Z]．北京：中国统计出版社，2015.

13.[美]杰弗里•M. 伍德里奇．计量经济学导论：现代观点(第五版)[M]．张成思，李红，张步昙，译．北京：中国人民大学出版社，2015.

14. 谢维和，文雯，李乐夫．中国高等教育大众化进程中的结构分析——1998—2004 年的实证研究[M]．北京：教育科学出版社，2007.

15. 闫亚林．高等教育层次和科类结构研究[M]．太原：山西人民出版社，2010.

16. 杨志坚．中国本科教育培养目标研究[M]．北京：高等教育出版社，2005.

17. 赵文华．高等教育系统论[M]．桂林：广西师范大学出版社，2001.

18. 教育部学位与研究生教育发展中心，中国学位与研究生教育发展年度报告课题组，全国学位与研究生教育数据中心．中国学位与研究生教育发展年度报告(2016)[M]．北京：高等教育出版社，2017.

19. Baumo，Panzar and Willig. Contestable Markets and the Theory of Industry Structure[M]. San Diego：Harcourt Brace Jovanovich，1982.

20. Johnstone D. B. and Marcucci P. N. Financing Higher Education Worldwide：Who Pays? Who Should Pay? [M]. Johns Hopkins University Press，2010.

二、期刊

1. 柏檀，周德群，王水娟．教育财政分权与基础教育公共支出结构偏向[J].清华大学教育研究，2015(2)：53－63.

2. 毕鹤霞．中国大学排名四大知名榜单指标体系比较研究[J]．高教探索，

143

2018(5)：22－26＋35.

3. 别敦荣，易梦春．普及化趋势与世界高等教育发展格局——基于联合国教科文组织统计研究所相关数据的分析[J].教育研究，2018，39(4)：135－143＋149.

4. 曾家延．构建我国的学校教育过程质量监测指标体系——国际比较视野下的路径寻求[J].浙江师范大学学报(社会科学版)，2017，42(3)：110－116.

5. 曾剑雄，宋丹，王新婷，等."双一流"建设背景下我国高校面临的机遇、挑战及策略选择[J].高等教育研究学报，2018，41(2)：39－46＋55.

6. 陈德展．优化财政支出结构　减轻高校债务负担[J].教育与职业，2010(16)：6.

7. 陈国维．基于多因素影响的高等教育发展规模实证研究[J].教育与经济，2013(4)：38－41.

8. 陈璟，解飞厚．湖北省属重点高校教育经费支出结构分析——H校案例研究[J].高校教育管理，2011(4)：26－32.

9. 陈秋怡．教育部直属高校科研投入与产出的实证分析[J].中国高校科技，2017(4)：21－25.

10. 陈晓宇，董子静．大众化阶段高等教育的规模经济与范围经济[J].教育研究，2011(9)：14－21.

11. 陈新阳，张静华，阎光才．支撑研究型大学本科人才培养的学科结构特征——以美国四所研究型大学为例[J].现代大学教育，2018(3)：49－55.

12. 成刚，吴克明．我国高校内部效率研究——基于范围经济的分析[J].北京师范大学学报(社会科学版)，2007(2)：81－91.

13. 成刚，袁佩琦．构建公共教育支出绩效评价指标体系的研究[J].继续教育研究，2007(6)：149－151.

14. 成刚．更多的教育投入能带来更好的教育吗？[J].北京师范大学学报(社会科学版)，2019(2)：38－51.

15. 程纯，陈欣．从就业结构的演变看高等教育结构的调整[J].辽宁教育研究，2006(7)：6－9.

16. 崔玉平 . 省域高等教育实力的分类评价[J]. 清华大学教育研究，2010，31(1)：45－50.

17. 邓晓春 . 21 世纪初中国高等教育发展战略和布局结构的研究[J]. 辽宁高等教育研究，1999(1)：22－30.

18. 丁静，朱静，陆彦 . 中国省域高等教育发展水平差异及其分类比较——基于 31 个省(区)市 2004—2011 年的面板数据[J]. 湖南农业大学学报(社会科学版)，2015，16(1)：96－102.

19. 董泽芳，张继平 . 战后发达国家高等教育结构调整的特点及启示[J]. 中国地质大学学报(社会科学版)，2010，10(5)：53－58＋65.

20. 杜瑛 . 产业、人力资源就业结构演变背景下的高等教育科类结构调整——基于不同收入国家群组的比较[J]. 教育发展研究，2015，35(Z1)：29－35.

21. 方芳，刘泽云 . 经费投入对地区高等教育规模的影响[J]. 高等教育研究，2019，40(1)：43－50.

22. 高耀，杨佳乐，沈文钦 . 学术型硕士生的科研参与、科研产出及其差异——基于 2017 年全国研究生离校调查数据的实证研究[J]. 研究生教育研究，2018，45(3)：40－48.

23. 顾雨竹 . THE 排名指标体系研究——兼与 QS 排名指标体系的比较[J]. 大学(学术版)，2013(12)：65－72＋64.

24. 郭必裕 . 我国高等教育层次结构的模糊性及其分析[J]. 煤炭高等教育，2003(5)：26－29.

25. 郭丛斌，张优良，傅翰文 . 世界大学排名指标体系的合理性分析——基于 THE、QS 和 US News 大学排名的比较研究[J]. 教育评论，2018(12)：8－13＋146.

26. 郭丛斌 . 中国高水平大学学科发展现状与建设路径分析——从 ESI、QS 和 US News 排名的视角[J]. 教育研究，2016，37(12)：62－73.

27. 韩筠 . 调整优化高等教育学科专业和人才培养类型结构[J]. 中国高等教育，2017(12)：30－33.

28. 韩燕，胡强．基于灰色关联的我国人口就业结构、产业结构与城市化水平研究[J]．西北人口，2012，33(3)：121—123＋129.

29. 何海燕，刘瑞儒．再议我国公立高等教育经费资源合理配置[J]．高等工程教育研究，2015(4)：146—148.

30. 何菊莲，李军，赵丹．高等教育人力资本促进产业结构优化升级的实证研究[J]．教育与经济，2013(2)：48—55.

31. 何万国，蔡宗模，杨正强．我国高校分类发展对策研究[J]．中国高教研究，2016(2)：60—66.

32. 何晓芳，迟景明，李霞，等．1998—2007年中国高等教育层次结构变迁研究[J]．高教探索，2010(3)：45—49.

33. 侯光明，范建民．提升研究生科研创新团队绩效的思考[J]．学位与研究生教育，2009(4)：38—42.

34. 侯龙龙，闵维方．中国高等教育中的范围经济[J]．高等教育研究，2005(6)：43—43.

35. 胡建华．我国高等教育扩张中的科类结构变化分析[J]．教育研究，2009，30(11)：20—26.

36. 胡咏梅，薛海平．经济发展水平与高等教育规模的相关性研究[J]．江苏高教，2004(2)：23—26.

37. 姜鹏，李珊．扩招后我国高等教育层次结构的问题与对策[J]．中国电力教育，2010(4)：10—11.

38. 蒋莉莉，赵宏斌．我国高等教育大省和高等教育强省的评价与分类[J]．高教探索，2008(6)：21—26.

39. 教育部关于全面提高高等教育质量的若干意见[J]．中国高等教育，2012(11)：20—24.

40. 康琳．高校资产投入对科研成果的影响——基于教育部直属高校的实证研究[J]．中国人民大学教育学刊，2018，30(2)：107—119.

41. 柯潇，储祖旺．中国高等教育规模扩展的实证研究[J]．教育与经济，2014(6)：47—52＋68.

42. 李立国，詹宏毅．我国博士研究生教育的学科结构变化分析[J]．复旦教育论坛，2008(6)：28—32．

43. 李立国，詹宏毅．我国硕士研究生教育的学科结构变化分析[J]．学位与研究生教育，2010(3)：20—24．

44. 李硕豪，李文平．2013—2030 年我国高等教育规模发展研究——基于适龄人口和经济水平的分析[J]．开放教育研究，2013，19(6)：73—80．

45. 李硕豪，魏昌廷．我国高等教育布局结构分析——基于 1998—2009 年的数据[J]．教育发展研究，2011，31(3)：8—13．

46. 李卫东，刘志业．中美研究型大学学生规模、层次结构的比较研究[J]．中国高等教育评估，2005，26(3)：25—28．

47. 李文利，闵维方．我国高等教育发展规模的现状和潜力分析[J]．高等教育研究，2001(2)：27—31＋39．

48. 李振宇，彭从兵，袁连生．省际地方普通高校教育经费支出结构差异[J]．高等教育研究，2015(12)：30—36．

49. 刘国瑜．一流学科建设中研究生培养与高水平科研的结合[J]．学位与研究生教育，2018，307(6)：18—23．

50. 刘六生，姚辉，温爱花．我国各省区高等教育结构适应性评价研究[J]．教育发展研究，2016，36(17)：17—21．

51. 刘六生，姚辉．我国高等教育层次结构与人口从业结构的适应性评价[J]．云南师范大学学报(哲学社会科学版)，2015，47(6)：134—139．

52. 刘少雪，程莹，刘念才．创新学科布局　规范院系设置[J]．清华大学教育研究，2003(5)：66—75．

53. 刘学岚．我国高等教育经费支出结构分析[J]．武汉大学学报(哲学社会科学版)，2009(4)：574—578．

54. 刘艳婷．人口就业结构与产业结构的关联性与结构失衡分析——基于四川省的实证研究与横向比较[J]．经济体制改革，2012(4)：103—107．

55. 罗建平，马陆亭．我国普通高校经费配置结构与效率分析[J]．河北师范大学学报(教育科学版)，2013(7)：54—58．

56. 马永霞，马立红．高校毕业生就业结构与产业结构研究的可视化分析[J]．教育与经济，2016(6)：40－46.

57. 米红，文新兰，周仲高．人口因素与未来20年中国高等教育规模变化的实证分析[J]．人口研究，2003(6)：76－81.

58. 潘懋元，吴玫．从高等教育结构看大学生就业问题[J]．中国大学生就业，2004(6)：4－6.

59. 钱颖一．谈大学学科布局[J]．清华大学教育研究，2003(6)：1－11.

60. 乔慧茹，孙绍荣．我国高等教育层次结构的优化研究[J]．长春理工大学学报(社会科学版)，2011，24(1)：90－91.

61. 瞿振元．高等教育内涵式发展的实现途径[J]．中国高等教育，2013(2)：12－13.

62. 任红梅．马克思经济学与西方经济学供给需求理论的比较研究[J]．西安财经学院学报，2016，29(6)：10－15.

63. 佘仕风．国际学科排名指标体系及中国学科格局分析——基于世界大学学科排名数据[J]．上海教育评估研究，2017，6(3)：26－34.

64. 沈健，胡娟．高水平大学优势学科布局与选择的量化分析———基于中美两国29所世界一流高校的数据[J]．中国高教研究，2013(9)：61－67.

65. 施艳萍，袁曦临，宋歌．基于ARWU的世界大学排名体系比较及实证研究[J]．图书情报工作，2017，61(15)：95－103.

66. 石丽，陈万明．高等教育层次结构与就业结构关系的实证研究——基于1998－2007年的数据分析[J]．中国高教研究，2011(11)：26－28.

67. 史国栋．系统理论视角下的大学内涵式发展[J]．常州大学学报(社会科学版)，2013，14(2)：1－4.

68. 孙凯，张劲英．不同经济基础省份间生均教育经费支出差异的实证分析[J]．教育发展研究，2013(5)：1－6.

69. 谭净．近十年来我国高校布局结构的变化——基于人口和经济的视角[J]．中国高教研究，2009(7)：11－14.

70. 唐一鹏．什么影响了高校办学成本——基于教育部直属高校数据的实证研究[J].教育学报,2017,13(1):93-106.

71.田志磊,张雪.中国学前教育财政投入的问题与改革[J].北京师范大学学报(社会科学版),2011(5):17-22.

72.王广深,王金秀.我国教育财政支出结构分析及政策调整[J].改革与战略,2008(1):154-156+160.

73.王洁,蒋灿华.高校一流学科建设必须重视的几个误区和转变[J].高教探索,2018(9):23-28.

74.王善迈,袁连生,田志磊,等.我国各省份教育发展水平比较分析[J].教育研究,2013,34(6):29-41.

75.王小力,彭正霞.世界一流大学的学科布局与选择——基于2015QS世界大学学科排名的分析[J].苏州大学学报(教育科学版),2015,3(4):81-88.

76.王兴宇."双一流"背景下学科建设的逻辑与路径——从学科排名谈起[J].西南民族大学学报(人文社科版),2018,39(10):215-221.

77.王亚敏,胡莉芳.中美本科生教育的学科结构比较分析[J].国家教育行政学院学报,2010(5):83-88.

78.王长华.当前我国大学毕业生就业结构的失衡与优化路径探析[J].社会主义研究,2015(3):111-118.

79.王振存.论当前我国高等教育布局结构的内涵、问题及其优化策略[J].河南大学学报(社会科学版),2017(4):124-134.

80.文雯,李乐夫,谢维和.中国高等教育大众化初期的层次结构变化[J].中国高等教育,2007(9):27-29.

81.翁秋怡."双一流"大学是否有更好的科研表现?——基于教育部直属高校数据的实证分析[J].大学(研究版),2018(10):46-58.

82.吴开俊.论广东高等教育层次结构与形式结构的优化[J].煤炭高等教育,2006(1):61-64.

83.吴云勇.新时代高等教育内涵式发展探索[J].内蒙古社会科学(汉文版),2018,39(1):179-183.

84.武建鑫.全球顶尖年轻大学的学科布局及其战略选择——兼论后发型国

家建设世界一流学科的制度空间[J]. 中国高教研究，2017(5)：68－75.

85. 武毅英，杨珍. 扩招背景下高等教育层次结构变化对大学生就业的影响[J]. 高校教育管理，2011，5(6)：81－85.

86. 肖玮萍. 系统论视野下我国高等教育层次结构优化探析[J]. 现代教育科学，2011(3)：89－92.

87. 谢永飞，黄蛟灵. 高等教育布局与区域发展研究——对 20 世纪 90 年代以来高等教育布局的分析[J]. 现代教育管理，2011(3)：26－28.

88. 徐吉洪. 高等教育内涵式发展的话语逻辑[J]. 黑龙江高教研究，2018(1)：19－22.

89. 徐烜，雷良海. 职业教育财政支出结构优化的实证研究[J]. 教育财会研究，2015(2)：14－20.

90. 许仪，王晗，郑华. 研究型大学博士研究生对 ESI 高被引论文发表的贡献初探——以中山大学自然科学类学术型博士研究生为例[J]. 研究生教育研究，2017(6)：74.

91. 杨倩，王茹，刘宇，等. 国内外学科评估指标体系的对比分析研究[J]. 教育教学论坛，2015(39)：69－71.

92. 杨忠旋，蒋家琼. 21 世纪美国高等教育层次结构研究[J]. 中国电力教育，2013(28)：12－14＋28.

93. 易梦春. 我国高等教育普及化进程及其影响因素——基于时间序列趋势外推模型的预测[J]. 中国高教研究，2016(3)：47－55.

94. 殷丛丛，张艺瀛. 大学学科排名对我国学科建设的启示[J]. 高教研究与实践，2011，30(3)：54－57.

95. 余寿文，龚克，林功实，等. 关于提高博士生培养质量的若干关系[J]. 学位与研究生教育，1997(4)：21－23.

96. 袁本涛，王传毅，吴青. 我国在校研究生的学术贡献有多大？[J]. 高等工程教育研究，2015(1)：154－160.

97. 袁广林. 供给侧视野下高等教育结构性改革[J]. 国家教育行政学院学报，2016(6)：15－22.

98. 袁连生，廖枝枝，李振宇，等．我国高校人员支出比例为何严重偏低？[J]．北京师范大学学报（社会科学版），2016(3)：26－37．

99. 岳昌君．改革开放 40 年高等教育与经济发展的国际比较[J]．教育与经济，2018(6)：9－17．

100. 翟亚军．学科分类及相关概念梳理[J]．北京邮电大学学报（社会科学版），2010，12(2)：99－102．

101. 詹宏毅．我国高等教育层次结构的分析和预测[J]．国家教育行政学院学报，2012(2)：65－69．

102. 张曾莲．高校经费支出的规模、结构与绩效研究——基于宏微观数据的统计分析[J]．黑龙江高教研究，2010(10)：45－50．

103. 张德祥．1998－2007 年中国高等教育结构发展变化的制度分析[J]．中国高教研究，2009(12)：1－7．

104. 张辉．试析影响高校内涵发展的内外部因素[J]．上海高教研究，1998(10)：33－37．

105. 张炜．中美两国高等教育学生规模的比较与思考[J]．高等教育研究，2008(8)：104－109．

106. 赵友元．高等教育内涵式发展的任务与实现路径[J]．黑龙江高教研究，2016(1)：20－23．

107. 钟秉林，方芳．一流本科教育是"双一流"建设的重要内涵[J]．中国大学教学，2016(4)：4－8＋16．

108. 周光礼，武建鑫．什么是世界一流学科[J]．中国高教研究，2016(1)：65－73．

109. 周霞，何小文，张骁．社会资本对科研产出的影响因素研究——基于"985"高校的实证[J]．科技管理研究，2016(8)：87－90．

110. 朱峰，许阳千．中国高校应届毕业生就业结构模型与核心能力培养[J]．经济与社会发展，2009，7(9)：133－137．

111. Aigner，Lovell and Schmist. Formulation and Estimation of Stochastic Frontier Production Function Models［J］. *Journal of Econometrics*，1977

(6)：21-37.

112. Battese and Coelli. Frontier Production Functions，Technical Efficiency and Panel Data：With Application to Paddy Farmers in India[J]. *Journal of Productivity Analysis*，1992(3)：153-169.

113. Berger M. C. and Kostal T. Financial Resources，Regulation，and Enrollment in US Public Higher Education[J]. *Economics of Education Review*，2002，21(2)：101-110.

114. Bray M. Financing Higher Education：Patterns，Trends and Options[J]. *PROSPECTS*，2000，30(3)：331-348.

115. Brown W. O. Sources of Funds and Quality Effects in Higher Education [J]. *Economics of Education Review*，2001，20(3)：289-295.

116. Cohn，Rhine and Santos. Institutions of Higher Education as Multi-Product Firms：Economies of Scale and Scope[J]. *Review of Economics and Statistics*，1989(2)：284-290.

117. Greenaway D. and Haynes M. Funding Higher Education in the UK：The Role of Fees and Loans[J]. *The Economic Journal*，2003，113(485)：F150-F166.

118. Meeusen and van den Broeck. Efficiency Estimation from Cobb-Douglas Production Functions with Composed Error[J]. *International Economic Review*，1977(2)：435-444.

119. Mundlak. On the Pooling of Time Series and Cross Section Data[J]. *Econometrica*，1978(1)：69-85.

120. Philip Andrew Stevens. A Stochastic Frontier Analysis of English and Welsh Universities[J]. *Education Economics*，2005，13(4)：335-374.

121. Rajindar K. Koshal and Manjulika Koshal. Economies of Scale and Scope in Higher Education：A Case of Comprehensive Universities[J]. *Economics of Education Review*，1999，18(2)：269-277.

122. Tommaso Agasisti and Geraint Johnes. Efficiency，Costs，Rankings and

Heterogeneity：The Case of US Higher Education[J]. *Studies in Higher Education*，2015，40（1）：60-82.

三、学位论文、论文集

1.[美]爱德华·希尔斯.学术的秩序——当代大学论文集[C].李家永，译.北京：商务印书馆，2007.

2.李燕.世界一流学科评价及建设研究[D].合肥：中国科学技术大学，2018.

3.宋光辉.高校扩招过程中的规模经济与范围经济现象研究——兼论教育部直属高校的适度规模[D].成都：西南财经大学，2004.

4.陶瑜.世界大学排行榜指标体系比较与位序变动性研究——以四大世界大学排行榜为例[D].杭州：浙江大学，2018.

· 后　记

　　本书是作者近年来在北京师范大学从事教育政策和高等教育财政研究的一个阶段性成果，同时也是 2013 年国家社科基金青年项目"内涵式发展视角下的我国高校规模、结构、质量与办学效率研究"（项目号：13CGL121）的成果，内容涉及我国高等教育发展的规模、各类结构、质量和效益的评价。

　　书稿完成之际，需要感谢的是我的导师王善迈教授，王老师的渊博知识、精益求精的工作作风以及严谨的治学态度都对我产生了巨大的影响和深刻的启迪，让我终身受益。北京师范大学教育学部教育经济研究所的杜育红教授、胡咏梅教授、曾晓东教授、杜屏教授等同人，北京师范大学经济与工商管理学院的赖德胜教授、袁连生教授、孙志军教授、刘泽云教授，都给予了我莫大的帮助和支持。

　　还要特别感谢我指导的北京师范大学教育学部毕业和在读的硕士研究生们的支持，没有他们的辛勤付出，绝对没有书稿的完成。杜思慧在第一章，于文珊在第二、第三章，袁梨清、邓蜜、徐文俊在第三章，卢嘉琪、陈郑在第四章承担了大量的工作，出色地完成了课题任务。

　　最后感谢妻子袁佩琦和女儿成泉乐的理解和默默支持，让我能有大量时间专心做学术。

　　囿于水平和时间仓促，书中难免存在不足，敬请读者批评指正！

　　　　　　　　　　　　　　　　　　　　　　　　成刚

　　　　　　　　　　　　　　　　　　　　　　　　2019 年 6 月